Suchtselbsthilfe im Wandel
Zwischen alten und neuen Formen der Abhängigkeit

Analysen, Perspektiven, Handlungsempfehlungen

AF206649

Burkhard Kastenbutt, Heinz-Werner Müller

Suchtselbsthilfe im Wandel
Zwischen alten und neuen Formen der Abhängigkeit

Analysen, Perspektiven, Handlungsempfehlungen

Bibliografische Information der Deutschen Nationalbibliothek:
Die Deutsche Nationalbibliothek verzeichnet diese Publikation in der
Deutschen Nationalbibliografie; detaillierte bibliografische Daten
sind im Internet über http://dnb.dnb.de abrufbar.

© 2018 Burkhard Kastenbutt, Heinz-Werner Müller

Coverbild: © Can Stock Photo / tashatuvango

Herstellung und Verlag: BoD – Books on Demand, Norderstedt
ISBN: 978-3-7460-8043-7

1. **VORWORT** 7

2. **SCHRIFTLICHE BEFRAGUNG UND INTERVIEWS**

2.1   Ergebnisse der schriftlichen Befragung 9

2.2   Einzelinterviews mit Gruppenverantwortlichen 17

2.3   Ergebnisse der Gruppendiskussion mit jungen Betroffenen 19

2.4   Ergebnisse der Einzelinterviews mit zwei Mehrfachabhängigen 21

2.5   Fazit zu den Aussagen der schriftlichen und mündlichen Befragung ... 22

2.6   Durchführung der schriftlichen Befragung 24

2.7   Zusammensetzung der Stichprobe 27

3. **SEELISCHE UND KÖRPERLICHE WIRKUNGSWEISEN VON DROGEN**

3.1   Das Thema *Alkohol* 33

3.2   Drogenkonsum und Drogenmissbrauch: eine Gratwanderung zwischen Genuss und Abhängigkeit 34

3.3   Multipler Substanzgebrauch 36

3.4   Psychoaktive Substanzen 40

    3.4.1   *Cannabis (Haschisch/Marihuana)* 40

    3.4.2   *Amphetamine (Speed/Pep)* 43

    3.4.3   *Ecstasy (MDMA)* 45

    3.4.4   *Crystal Meth (Methamphetamin)* 48

    3.4.5   *Kokain* 50

    3.4.6   *Heroin* 52

    3.4.7   *LSD (Lysergsäurediäthylamid)* 55

3.5   Bewusstseinsverändernde Pflanzen und Pilze 58

    3.5.1   *Psychoaktive Pflanzen am Beispiel Engelstrompete (Brugmansia)* 59

    3.5.2   *Spitzkegeliger Kahlkopf (Psilocybe semilanceata)* 61

    3.5.3   *Fliegenpilz (Amanita muscaria)* 62

    3.5.4   *Wechselwirkung mit anderen Drogen* 63

3.6   Medikamentenmissbrauch und Medikamentenabhängigkeit 64

    3.6.1   *Schmerzmittelabhängigkeit* 68

    3.6.2   *Risiken des parallelen Konsums von Schmerzmitteln und Alkohol* 70

    3.6.3   *Schlafmittelabhängigkeit* 70

    3.6.4   *Benzodiazepine* 72

    3.6.5   *Antidepressiva* 74

    3.6.6   *Alkoholhaltige Medikamente* 77

LITERATURVERZEICHNIS 79

ANHANG: GRUNDAUSWERTUNGEN UND INTERVIEWS 89

ÜBER DIE AUTOREN 125

1. Vorwort

In diesem Buch werden Ergebnisse und gewonnene Erkenntnisse einer Studie mit Teilnehmern aus Gruppen von verschiedenen Suchtselbsthilfeverbänden in Niedersachsen vorgestellt. Neben Erklärungen der dieser Untersuchung zugrundeliegenden methodischen Vorgehensweise gibt das Buch zudem einen kurzen Überblick über die wesentlichen Suchtmittel, deren Wirkungsweise und Wechselwirkung mit anderen Drogen.

Zwei wesentliche Beobachtungen waren Motivation und Anlass zur Durchführung der Studie: Erstens zeigt ein Blick auf die Altersstruktur der Suchtselbsthilfegruppen, dass jüngere Menschen kaum oder gar nicht in den Gruppen anzutreffen sind. Zweitens ist Alkoholabhängigkeit in den Gruppen der Suchtselbsthilfe mit weitem Abstand das Thema Nummer Eins. Dementgegen steht als Ausgangspunkt für die Untersuchung die These, dass junge Menschen neben Alkohol auch andere Mittel der Sucht wählen, was zu einer deutlichen Zunahme der Mehrfachabhängigkeit unter den Suchtkranken führt. Nun stehen sich die Beobachtungen zur Situation in den Gruppen und die These zum sich verändernden Suchtverhalten relativ isoliert gegenüber. Aufgabe dieser Evaluationsstudie war es, beides in neuen Positionen zusammenzubringen.

Wie sind wir nun konkret vorgegangen? Unter anderem haben wir die folgenden Fragen in Interviews und in der schriftlicher Befragung gestellt: Wie offen sind Suchtselbsthilfegruppen für andere Abhängigkeiten als die vom Alkohol? Gibt es in den Gruppen schon Erfahrungen mit dem Umgang mit anderen Suchtmitteln und Suchtformen? Wie kann die Gruppenarbeit aussehen, um sie für jüngere Menschen attraktiver zu machen? Wie sehen die Gruppenmitglieder die Zukunft ihrer Selbsthilfegruppe? Was ist an der Gruppenarbeit gut, was sollte geändert werden?

Im Folgenden werden die Ergebnisse der Studie vorgestellt. Im Anschluss wird versucht, Handlungsempfehlungen für die Arbeit der Suchtselbsthilfegruppen zu formulieren. Diese sollen dabei helfen, die zukünftige Arbeit der Gruppen im Umgang mit anderen und neuen Süchten zu erleichtern. Diesem Zweck dient auch die Darstellung der unterschiedlichen Suchtmittel in Bezug auf ihre Wirkungsweisen und gesundheitlichen Risiken.

Sicherlich können wir im Rahmen der vorliegenden Untersuchung nicht alle Fragen, die sich uns stellten, beantworten. Auch sind im Laufe der Studie neue Fragen aufgetaucht, die noch auf abschließende Antworten warten. Wir hoffen aber, dass Sie dieses Buch mit Interesse lesen werden und wir Ihnen neue Erkenntnisse und gegebenenfalls Hilfestellung im Rahmen der Suchtselbsthilfearbeit vermitteln können.

Unser Dank geht an alle Betroffenen und Angehörigen in den Gruppen des Kreuzbundes Landesverband Oldenburg e.V., des Kreuzbundes Diözesanverband Osnabrück e.V., der Freundeskreise für Suchtkrankenhilfe in Niedersachsen e.V., des Landesverbandes des niedersächsischen Blauen Kreuzes in der evangelischen Kirche und des Landesverbandes der Guttempler in Niedersachsen, die an unserer Untersuchung teilgenommen haben. Ein besonderer Dank geht an die Gruppenleitungen und die Verantwortlichen in den teilnehmenden Suchtselbsthilfeverbänden, die uns bei der Durchführung der Studie behilflich waren. Ebenso gilt unser Dank der Abteilung Gesundheitsmanagement/Prävention der AOK Niedersachen für die finanzielle Förderung der Studie.

Osnabrück, im Januar 2018

Dr. Burkhard Kastenbutt
Heinz-Werner Müller

2. Schriftliche Befragung und Interviews

2.1 Ergebnisse der schriftlichen Befragung

Von den insgesamt 648 Personen, die an unserer Befragung teilnahmen, sind 481 betroffen, 141 mitbetroffen und 16 zugleich betroffen und mitbetroffen. 10 Personen haben die Frage nach der Betroffenheit oder Mitbetroffenheit nicht beantwortet.

Wir haben die Betroffenen auch danach gefragt, was sie neben ihrer hauptsächlichen Abhängigkeit *zusätzlich* noch an psychoaktiven Substanzen konsumiert haben. Hier geben 26 Personen an, dass es sich um Drogen gehandelt hat, wobei nicht deutlich wird, welche psychoaktiven Substanzen dabei im Vordergrund standen. 28 Personen weisen darauf hin, dass sie neben Alkohol oder illegalen Drogen auch Medikamente genommen haben. Bei 23 Personen war es neben Drogen und Medikamenten der Alkohol. Inwieweit die unterschiedlichen Substanzen zu einer psychischen oder körperlichen Abhängigkeit beigetragen haben, lässt sich nicht ermitteln, da die Frage nach dem Nebenkonsum zu allgemein gestellt war.

Deutlich exaktere Aussagen lassen sich jedoch in Bezug auf diejenigen Befragten treffen, die drogenabhängig sind. Sie sollten mitteilen, welche psychoaktiven Substanzen sie konsumiert haben, wobei mehrere Antworten möglich waren. So betonen dann 41 Personen, dass sie Cannabis (Marihuana oder Haschisch) konsumiert haben. 29 Betroffene geben synthetische Drogen an, wozu u. a. Speed, Crystal Meth und Ecstasy gehören. Ebenfalls 29 Befragte geben Kokain an. 21 Personen machen deutlich, dass sich ihr Konsum auf Opioide bezog, was vor allem auf Heroin zutrifft. Von besonderem Interesse ist darüber hinaus, dass 19 Personen angeben, sie hätten zu biogenen Drogen gegriffen, zu denen pflanzliche Substanzen (wie z. B. Engelstrompete) und bestimmte Pilzarten (wie z. B. sog. Zauberpilze) gehören. Unter dem Stichwort *sonstige Drogen* teilen einzelne Befragte mit, dass sich ihr Nebenkonsum auf LSD und Meskalin sowie Benzodiazepine bezog.[1]

Auffällig ist, dass ein knappes Drittel der Befragten in der Altersgruppe der 25- bis 44-Jährigen angibt, drogenabhängig zu sein. 45 Prozent der Befragten dieser

---

[1] Über die meisten der erwähnten psychoaktiven Substanzen finden Sie weitere Informationen im letzten Kapitel dieses Buches.

Altersgruppe sind alkoholabhängig. Einen abhängigen Konsum von *Alkohol und Drogen* haben mehr als 15 Prozent von ihnen betrieben, wobei der parallele Konsum von *Drogen und Medikamenten* oder *Medikamenten und Alkohol* auch hier wie in allen anderen Altersgruppen relativ gering ist.

Bei der Altersgruppe der 45- bis 65-Jährigen dominiert einwandfrei die Alkoholabhängigkeit, denn hier geben 98 Prozent an, davon betroffen zu sein. Gleiches kann von der Altersgruppe der 65-Jährigen und älteren gesagt werden, denn auch hier sind ca. 98 Prozent alkoholabhängig. Alle anderen Formen des Suchtmittelkonsums sind in beiden Altersgruppen nur gering vertreten.

Interessant ist, dass unter den Befragten offiziell nur wenige Medikamentenabhängige sind. Zwar verweisen 28 Personen auf einen Nebenkonsum von Medikamenten, jedoch stufen sich nur 2 von ihnen als medikamentenabhängig ein. Inwieweit unter den 28 Personen Betroffene sind, bei denen neben anderen Süchten auch eine Medikamentenabhängigkeit besteht, ließ sich im Rahmen der Befragung nicht eindeutig feststellen. Wir gehen aber davon aus, dass die Anzahl der Medikamentenabhängigen in Suchtselbsthilfegruppen im Durchschnitt weitaus höher ist (siehe dazu auch das Thema *Medikamentenabhängigkeit* im letzten Kapitel dieses Buches).

Von denjenigen, die neben ihrer manifesten Alkohol- oder Drogenabhängigkeit einen zusätzlichen Medikamentenkonsum betrieben haben und sich als medikamentenabhängig einstufen, wollten wir wissen, welche Arzneimittel sie genommen haben, wobei mehrere Antworten möglich waren. So geben 32 Personen Schmerzmittel, 22 synthetische Schlafmittel, 21 Beruhigungsmittel, 18 Antidepressiva und 10 sonstige Medikamente an. In Bezug auf die sonstigen Medikamente werden vor allem *Valium, Doxepin, Tramal* und Rheumamittel genannt.
Eine weitere Frage bezog sich auf die Mehrfachabhängigkeit von Alkohol, Medikamenten und illegalen Drogen, womit der zeitnahe Konsum von mindestens zwei oder drei psychoaktiven Substanzen gemeint ist.

Hier bezeichnen sich 57 der Betroffenen als mehrfachabhängig. 9 Personen geben an, dass sie sich nicht sicher sind, ob es sich bei ihnen um einen multiplen Substanzkonsum gehandelt hat. Rechnet man diese Gruppe aber noch hinzu, so hat fast jeder Zehnte der Befragten unterschiedliche Substanzen zeitnah konsumiert.

Bei den 25- bis 44-Jährigen ist die Mehrfachabhängigkeit deutlich stärker vertreten als in den höheren Altersgruppen. Schaut man sich nun die Anzahl der Befragten an, die sich als mehrfachabhängig bezeichnen und jünger als 45 Jahre alt sind, so sind dies insgesamt 33 Personen. Zieht man noch die beiden Befragten hinzu, die sich ihres multiplen Substanzgebrauchs nicht sicher sind, befinden sich in der Altersgruppe der 25- bis 44-Jährigen ca. 66 Prozent Mehrfachabhängige, was aufhorchen lässt.

In der Gruppe der Betroffenen, die älter als 44 Jahre sind, bezeichnen sich immerhin noch 24 Personen als mehrfachabhängig, wobei sich sieben der Befragten nicht sicher sind. Rechnet man die Befragten aber noch hinzu, die sich nicht sicher sind, so befinden sich in der mittleren Altersgruppe 31 Personen, die einen Mehrfachkonsum betrieben haben. Von den Betroffenen, die älter als 44 Jahre sind, sind dann insgesamt 9,5 Prozent mehrfachabhängig.

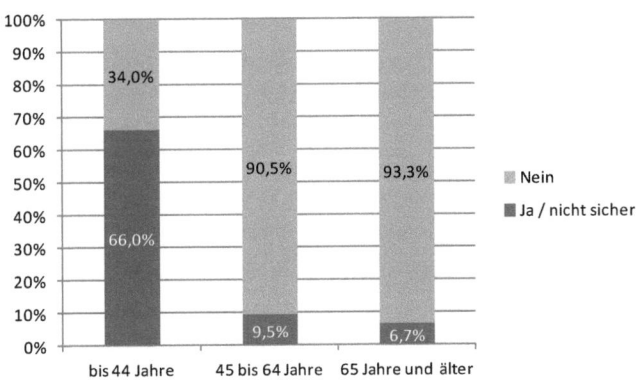

Abbildung 1: Verhältnis von Mehrfachabhängigkeit nach Altersgruppen

Aber auch wenn es sich bei den Mehrfachabhängigen in Bezug auf alle befragten Betroffenen um eine Minderheit handelt, so macht es dennoch Sinn, dass sich die Suchtselbsthilfe stärker mit diesem Thema auseinandersetzt. Dafür spricht allein der multiple Substanzgebrauch, der auf gesellschaftlicher Ebene in den letzten Jahren erheblich zugenommen hat. Hinweise dazu liefert u. a. der aktuelle *Drogen- und Suchtbericht der Bundesregierung*, in dem es heißt: „Sicher ist, dass die Konsummuster in den letzten Jahren einem Wandel unterlagen, der in Richtung eines kombinierten Konsums mehrerer Substanzen und Substanzgruppen weist" (vgl. Drogen- und Suchtbericht der Bundesregierung 2017, S. 49).

In einem nächsten Schritt wollten wir von den befragten Gruppenmitgliedern wissen, welchen Stellenwert sie dem Thema *Alkohol* im Rahmen der Gruppenarbeit zuschreiben. Diese Frage war uns wichtig, um zu klären, inwieweit dieses Thema die Suchtselbsthilfe dominiert. So gehen ca. 41 Prozent der Befragten von einem sehr hohen Stellenwert aus, knapp 50 Prozent von einem hohen Stellenwert. 4 Prozent schreiben dem Thema einen geringen und nur 0,5 Prozent einen sehr geringen Stellenwert zu. 4 Prozent sind sich bei der Beantwortung dieser Frage nicht sicher.

Fasst man die Ergebnisse zusammen, so schreiben insgesamt 91 Prozent der Befragten dem Thema *Alkohol* einen bedeutenden Stellenwert im Rahmen der Gruppenarbeit zu. Dies zeigt sich auch in Bezug auf die Diskussion über dieses Thema, denn auch hier betonen 96 Prozent aller Befragten, dass sie dieses für wichtig halten. 25 Prozent der Befragten antworten, dass in ihrer Gruppe auch über das Thema *Drogenabhängigkeit* diskutiert wird. 22 Prozent bekunden, dass sie in der Gruppe über Medikamentenabhängigkeit sprechen, 18 Prozent über den Mehrfachmissbrauch von Drogen und knapp 12 Prozent über stoffungebundene Süchte.

Fragt man in einem weiteren Schritt nach Gemeinsamkeiten, die zwischen den Ursachen der Alkohol- und Drogenabhängigkeit bestehen, so werden diese von knapp 73 Prozent aller Befragten gesehen. 14 Prozent der Gruppenmitglieder haben dazu keine Meinung, wobei nur 6 Prozent wenig und knapp ein Prozent keine Gemeinsamkeiten sehen. Dies bedeutet, dass für einen Großteil der Befragten etliche Parallelen zwischen den Ursachen der erwähnten Suchtformen bestehen.

Auf die Frage, welche Betroffenen mit welcher Suchtform *allgemein* in Suchtselbsthilfegruppen aufgenommen werden sollten, existieren jedoch unterschiedliche Meinungen.

Wenn es um die Öffnung der Gruppe für Cannabisabhängige geht, so sprechen sich dafür 40 Prozent der weiblichen und 60 Prozent der männlichen Befragten aus. Wenn es um Kokainabhängige geht, so plädieren 38 Prozent der weiblichen Befragten und 62 Prozent der männlichen Befragten für eine Aufnahme. Für eine Öffnung für Opiatabhängige sind 38 Prozent der weiblichen und 62 Prozent der männlichen Befragten. Wenn es um die Öffnung für Betroffene mit einer Abhängigkeit von synthetischen Drogen geht, so stimmen dem 39 Prozent der weiblichen Befragten und 61 Prozent der männlichen Befragten zu. In Bezug auf Mehrfachabhängige sind es 36 Prozent der Frauen und 64 Prozent der Männer. Konkreter wird es, wenn man nach der *persönlichen Bereitschaft* fragt, Drogen-abhängige in die eigene Gruppe aufzunehmen. Schaut man sich die Ergebnisse näher an, gestaltet sich alles ein wenig anders als bei der vorherigen Frage.

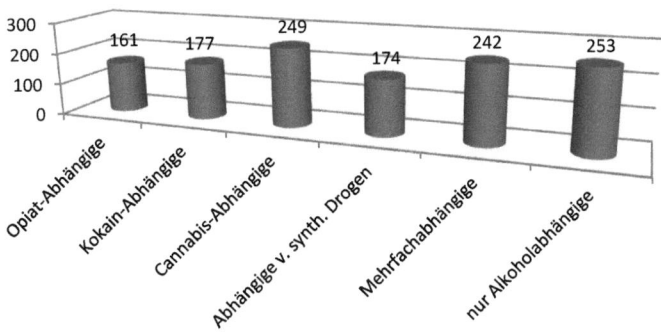

Abbildung 2: Öffnung der Gruppe, für wen?

Hier antworten 253 der Befragten (39 Prozent), dass sie nur Alkoholabhängige in ihre Gruppe aufnehmen würden. 249 Personen (38 Prozent) würden Canna-bisabhängige aufnehmen, 242 Mehrfachabhängige (37 Prozent), 177 Kokainab-hängige (27 Prozent), 174 Abhängige von synthetischen Drogen (27 Prozent) und 161 Opiatabhängige (25 Prozent).

286 Personen antworten zwar, dass es in ihrer Selbsthilfegruppe bereits Drogen-abhängige gibt, was aber zu relativieren ist, da diese Aussage zum Teil von Be-fragten stammt, die zusammen eine bestimmte lokale Selbsthilfegruppe besu-chen. Daher ist die Anzahl der Drogenabhängigen in den befragten Gruppen weitaus geringer einzuschätzen. 330 Befragte (53 Prozent) machen dagegen deutlich, dass es in ihrer Gruppe keine Drogenabhängigen gibt.

Darauf aufbauend wollten wir wissen, inwieweit drogenabhängige Mitglieder das Gruppenleben bereichern können. 35 Prozent der Befragten finden dies sehr bereichernd, wobei immerhin knapp 41 Prozent antworten, dass sie die Mit-gliedschaft von Drogenabhängigen als bereichernd empfinden. 18 Prozent haben mit *teils/teils* geantwortet, was nicht generell negativ zu werten ist. Nur wenige der Befragten haben bekundet, dass sie die Gruppenmitgliedschaft von Drogenabhängigen als wenig bereichernd (2 Prozent) bzw. als gar nicht bereichernd (0.4 Prozent) empfinden. Fasst man nun diejenigen zusammen, die mit *sehr bereichernd* und *bereichernd* geantwortet haben, so liegen wir bei den Antworten bei 76 Prozent, was als positiver Trend zu werten ist, wenn es um die Aufnahme von Drogenabhängigen in die eigene Selbsthilfegruppe geht.

Auch wenn das Thema *Alkohol* weiterhin die Diskussion der Selbsthilfegruppen bestimmt, so scheint bei vielen Befragten dennoch ein Interesse zu bestehen, sich intensiver mit dem Thema *Neue Süchte* zu beschäftigen.

Wir haben die Gruppenmitglieder in diesem Zusammenhang auch danach gefragt, wie dieses Thema in der Arbeit der Suchtselbsthilfe zielgerichteter umgesetzt werden kann. Interessant ist, dass hier 52 Prozent der Befragten antworten, dass sie über neue Süchte gerne im Rahmen von Gruppentreffen diskutieren würden. 39 Prozent möchten sich mit Drogenabhängigen austauschen, um Näheres über deren Suchtgeschichte zu erfahren. 36 Prozent wünschen sich, durch Drogenexperten informiert zu werden, wobei 33 Prozent die Durchführung von Seminaren für wichtig erachten. 18 Prozent plädieren für die Verteilung von Infomaterialien zu diesem Thema. 16 Prozent schlagen weitere Maßnahmen vor, zu denen u. a. Besuche in Fachkliniken für Drogenabhängige, eine bessere Öffentlichkeitsarbeit und die Erweiterung des Grundwissens über psychoaktive Substanzen gehören.

Des Weiteren wollten wir wissen, welche Bedeutung die Befragten der Suchtselbsthilfe *allgemein* zuschreiben. 67 Prozent der Gruppenmitglieder halten sie für eine suchtfreie Ausrichtung ihres Alltagslebens für sehr wichtig und 26 Prozent für wichtig. Knapp 2 Prozent sind sich bei der Beantwortung dieser Frage nicht sicher, wobei nur wenige der Befragten mit *unwichtig* (2 Personen) oder *sehr unwichtig* (4 Personen) geantwortet haben. Insgesamt halten damit 93 Prozent aller Befragten die Suchtselbsthilfe für einen bedeutenden Zusammenschluss, wenn es um das abstinente Leben geht.

In einem weiteren Schritt wollten wir wissen, welche Rolle die Befragten der Einbindung von Drogenabhängigen in die Arbeit der Suchtselbsthilfegruppen zuschreiben. Zwar sind sich 31 Prozent der Befragten bei der Beantwortung dieser Frage nicht sicher, jedoch schreiben knapp 34 Prozent diesem Thema eine große Bedeutung und knapp 16 Prozent eine sehr große Bedeutung zu. Von einer geringen Bedeutung gehen 11 Prozent und von einer sehr geringen Bedeutung 5 Prozent der Befragten aus. Fassen wir auch hier die Ergebnisse derjenigen Befragten zusammen, die sich für eine Einbindung von Drogenabhängigen in Suchtselbsthilfegruppen ausgesprochen haben, so sind dies immerhin knapp 50 Prozent.

Eine weitere Frage bezieht sich auf die Stärken der Selbsthilfe im Rahmen der Einbindung von Drogenabhängigen in die Gruppenarbeit. Angekreuzt werden konnten wiederum mehrere Antworten, wobei 377 Befragte (oder 58 Prozent) bekunden, dass man im Rahmen der Gruppentreffen viele Themen bereden kann. 321 Befragte (54 Prozent) verweisen auf die Suche nach Wegen für den Alltag und das Leben ohne Suchtmittel. Für 313 der Befragten (48 Prozent) steht vor allem die Regelmäßigkeit der Gruppentreffen im Vordergrund. 289 Befragte (45 Prozent) betonen, dass die Suchtselbsthilfe auch für andere Süchte offen sein muss. 281 Befragte (43 Prozent) teilen mit, dass in den Gruppen eine Begegnung auf Augenhöhe stattfindet. Eine Minderheit fügt an, dass Alkohol- und Drogenabhängige in getrennten Gruppen arbeiten sollten, da sie die Suchtformen als *zwei Paar Schuhe* betrachten. Ebenfalls wenige der Befragten fürchten eine Überforderung derjenigen Betroffenen, die alkoholabhängig sind, da ihrer Meinung nach zu wenig Wissen über das Thema *Neue Süchte* in den Gruppen existiert. Dass in den meisten Suchtselbsthilfegruppen tatsächlich wenig Wissen über dieses Thema vorhanden ist, darüber geben auch die Ergebnisse unserer mündlichen Befragung eine Antwort, so dass hier ein starker Nachholbedarf besteht.

Inwieweit die Suchtselbsthilfe für Drogenabhängige dennoch attraktiv sein kann, wollten wir als nächstes von den Befragten wissen. Konkret: Was können Suchtselbsthilfegruppen tun, um mehr junge Suchtkranke für ihre Arbeit zu gewinnen? Auch im Rahmen dieser Frage konnten wiederum mehrere Antworten angekreuzt werden.

So plädieren 56 Prozent der Befragten dafür, die Arbeit der Suchtselbsthilfe interessanter zu gestalten. Knapp 50 Prozent sind der Meinung, dass es eine stärkere Zusammenarbeit mit Fachkliniken geben müsse. Für mehr Öffentlichkeitsarbeit stimmen 46 Prozent der Befragten. 31 Prozent sind für einen stärkeren Auftritt in sozialen Netzwerken, da gerade das Internet von Jugendlichen und jungen Erwachsenen, aber auch der mittleren Generation stark frequentiert wird. Ähnlich argumentieren 27 Prozent der Befragten, die auf eine attraktive Homepage (der Gruppe oder des Suchtselbsthilfeverbands) setzen. 26 Prozent sind für einen intensiveren Austausch mit Fachambulanzen und 23 Prozent für einen kontinuierlichen Austausch mit Krankenkassen.

Im Rahmen sonstiger Antworten plädieren 13 der Befragten für mehr Präventionsveranstaltungen an Schulen, aber auch für eine engere Zusammenarbeit mit Jugendämtern und Beratungsstellen sowie für eine spezielle Werbung im Fernsehen.

Von besonderem Interesse war für uns die Beantwortung der Frage, welche Maßnahmen notwendig sind, um die Arbeit der Suchtselbsthilfegruppen in Zukunft attraktiver zu gestalten. Auch hier konnten unterschiedliche Antworten angekreuzt werden. So plädieren 67 Prozent der Befragten dafür, *alle* Generationen in die Arbeit der Suchtselbsthilfe einzubeziehen. 37 Prozent sprechen sich für mehr Bildungsangebote aus. Für die Stärkung des Leitungsnachwuchses sind ebenfalls 37 Prozent und 35 Prozent für die Schulung von Gruppenverantwortlichen. 31 Prozent machen sich für einen intensiveren Informationsaustausch zwischen Selbsthilfegruppen stark. Knapp 19 Prozent weisen auf die Aufnahme von mehr kulturellen Angeboten hin. 18 Prozent sind für mehr kommunale Angebote im Internet. 16 Prozent wünschen sich eine flexiblere Gestaltung der Gruppenzeiten. Einige der Befragten halten zudem die Aufnahme von Mitbürgern mit Migrationshintergrund für wichtig, auch wenn sie Sprachprobleme haben sollten. Des Weiteren soll die Suchtselbsthilfe noch stärker in die Öffentlichkeit gehen und Schulen und Medien in ihre Arbeit mit einbeziehen. Darüber hinaus wird gewünscht, dass auch Ärzte enger mit Selbsthilfegruppen kooperieren.

Um noch differenziertere Aussagen zu gewinnen, haben wir gefragt, was sich die Befragten wünschen, wenn es um die Zukunft ihrer Selbsthilfegruppe geht. So wünschen sich 38 Prozent einen stärkeren Austausch zwischen den Generationen. 37 Prozent halten neue Methoden der Gruppenarbeit für sehr wichtig. 33 Prozent plädieren für eine Stärkung der Wirksamkeit der Selbsthilfe vor Ort. Ebenfalls 33 Prozent machen deutlich, dass eine Öffnung für neue Themen hilfreich sei. Knapp 31 Prozent möchten eine stärkere Aufteilung der Verantwortung in den Gruppen. 21 Prozent wünschen sich Workshop-Angebote zu diversen Themen. Wenige Befragte geben unter *Sonstiges* an, dass die Intensität der Gruppenarbeit auch weiterhin erhalten bleiben soll, wobei für sie auch die Wahrnehmung kultureller Angebote eine zentrale Rolle spielt. Gewünscht wird darüber hinaus ein abwechslungsreicher Austausch durch Zuwachs neuer Gruppenmitglieder, um *innovative Impulse* zu gewinnen, und die Durchführung regionaler Gruppentreffen. Genannt werden zudem die engere Kooperation mit Beratungsstellen und die stärkere Anerkennung der Selbsthilfearbeit durch Fachkliniken.

Dies führt uns zu der abschließenden Frage, welche Änderungen in der Arbeitsweise der Suchtselbsthilfegruppen für notwendig erachtet werden. Hier antworten 49 Prozent der Befragten, dass es ihnen um die Stärkung der Selbsthilfefähigkeit der Gruppenmitglieder geht. 37 Prozent wünschen sich mehr Gleichberechtigung bei der Gestaltung der Gruppenarbeit. Knapp 29 Prozent stimmen für eine Erhöhung von Lernprozessen, was für das Bildungsinteresse der Gruppenmitglieder spricht. Gefordert wird von 23 Prozent der Befragten auch eine wertschätzende Kommunikation, und 15 Prozent weisen in diesem Zusammenhang auf den Abbau von Hierarchien hin. Eine kleine Gruppe der Befragten macht unter *Sonstiges* deutlich, dass es wichtig sei, sich im Gruppenprozess intensiver über bestimmte Themen auszutauschen, aber nicht dauernd im Stuhlkreis. Auch sollten sich alle Beteiligten aktiv einbringen, um nicht zu Konsumenten der Gruppenarbeit zu werden. Gewünscht wird des Weiteren eine stärkere Reflexion der Gruppenarbeit, um zu schauen, wie im Rahmen der Treffen untereinander kommuniziert wird, wobei auch kulturelle Aktivitäten als wichtiger und bedeutender Teil des Gruppenprozesses erwähnt werden

2.2 Einzelinterviews mit Gruppenverantwortlichen

Um die Ergebnisse unserer schriftlichen Befragung zu ergänzen, haben wir zusätzlich halbstandardisierte Interviews mit Gruppenverantwortlichen aus zwei niedersächsischen Suchtselbsthilfeverbänden durchgeführt, was in Form telefonischer Befragungen geschah.

Bei einem halbstandardisierten Interview ist die Frageformulierung festgelegt, nicht aber, wann die Fragen gestellt werden müssen. Mit einer solchen Methode besteht die Möglichkeit, die Fragen so zu stellen, dass sie in den sich entwickelnden Gesprächsverlauf passen. Alle Interviews wurden digital aufgezeichnet und anschließend verschriftet. Wichtige Aussagen wurden extrahiert und in systematischer Abfolge auf der Basis der Fragestellungen in ein spezielles Raster (Synopse) überführt (siehe dazu auch den tabellarischen Anhang am Schluss dieses Buch).

Befragt wurden 4 männliche Personen in ihrer Rolle als Regionalbegleiter der Freundeskreise oder AG-Leiter des Kreuzbunds. Alle Interviewten betreuen mehrere Selbsthilfegruppen in ihrer Region und haben daher einen guten Überblick über strukturelle Entwicklungsprozesse und wissen, welche Suchtformen dort vertreten sind.

Die Befragten machen durch die Bank deutlich, dass sie Unterschiede im Suchtverhalten der jungen und älteren Generation wahrnehmen. In den von ihnen betreuten Gruppen dominieren zwar die Alkoholabhängigen, wobei unter der jüngeren und mittleren Generation mehr und mehr auch Drogen- oder Mehrfachabhängige zu finden sind. Die Mehrheit der Gruppenverantwortlichen macht in diesem Zusammenhang auf Unterschiede in der Lebensweise der jungen und älteren Generation aufmerksam, was in der Gruppenarbeit ins Kalkül zu ziehen sei und worüber ihrer Meinung nach mehr und ausführlicher diskutiert werden müsse.

Sie bestätigen darüber hinaus, dass der Mehrfachkonsum psychoaktiver Substanzen in den Gruppen vor allem bei der jüngeren und mittleren Generation zu finden ist. Auch wird darauf aufmerksam gemacht, dass bei den jüngeren Betroffenen oftmals noch psychische Erkrankungen eine Rolle spielen.

In den meisten der von ihnen betreuten Gruppen steht das Thema *Alkohol* weiterhin im Zentrum der Diskussion. Nur einige der Gruppen sind ihrer Meinung nach breiter aufgestellt, da man sich dort inzwischen auch mit anderen Suchtformen beschäftigt. Aber auch wenn in einigen Gruppen über neue Süchte diskutiert würde, so sei dieses Thema den älteren Gruppenmitgliedern nur schwer zu vermitteln.

Notwendig sei vor allem mehr Aufklärungsarbeit, da es noch an Intensität zur Umsetzung mangele. Einer der Befragten betont, dass zwar bei der älteren Generation keine Ängste gegenüber Drogenabhängigen bestünden, dafür aber bestimmte Vorbehalte, soweit es sich um Beschaffungskriminalität handelt.

Auf die Frage, inwieweit die heutigen Gruppenstrukturen in der Suchtselbsthilfe überholt sind, antworten die Gruppenverantwortlichen unterschiedlich. Einige der Befragten betonen, dass heute nicht alles mehr nach *Schema F* laufe und die existierenden Gruppenstrukturen daher auch für junge Betroffene geeignet seien. Andere betrachten die Strukturen in der Suchtselbsthilfe zum Teil als überholt, wobei sie betonen, dass sich Veränderungen im Gruppenprozess nur langsam gestalten lassen.

Die Mehrzahl der Befragten vertritt des Weiteren die Meinung, dass sich die Suchtselbsthilfeverbände auf Dauer stärker für jüngere Gruppenmitglieder öffnen und ihre Angebote verstärken müssen. Wichtig seien vor allem Aufklärungsarbeit und die Kooperation mit anderen Institutionen der Suchthilfe. Auch neue und separate Gruppen mit *alten Hasen* wären in diesem Zusammenhang eine mögliche Lösung, wenn auch nicht unbedingt eine ultimative. Als wichtiger Aspekt wird die weitere Ausdehnung der Bildungsarbeit betrachtet, da sie zur Aufklärung des komplexen und nicht immer einfachen Themas *Neue Süchte* beitragen könne.

Jüngere Betroffene sollten dort abgeholt werden, wo sie stehen. Wichtig sei vor allem, ihre Sprache zu verstehen. Aber auch der Öffentlichkeits- und Kulturarbeit wird in Bezug auf die Gewinnung des Nachwuchses eine bedeutende Rolle zugeschrieben.

Die Gruppenverantwortlichen schlagen darüber hinaus vor, mit jüngeren Betroffenen nicht nur über Sucht, sondern auch über andere Themen zu diskutieren. Ein wichtiges Moment sei zudem die soziale Integration der Jüngeren, damit sie Halt in ihrem Leben finden. Eine besondere Bedeutung wird dabei der Übernahme von *sozialer Verantwortung* zugeschrieben, wobei Jüngere in der Gruppenarbeit die Chance erhalten sollten, wichtige Positionen zu übernehmen.

2.3   Ergebnisse der Gruppendiskussion mit jungen Betroffenen

Nachdem wir die Gruppenverantwortlichen befragt hatten, wollten wir von jüngeren Betroffenen wissen, wie sie ihre Position in der Suchtselbsthilfearbeit und den Stand der Diskussion um das Thema *Neue Süchte* einschätzen.

Als wissenschaftliche Methode diente uns das Verfahren der *Gruppendiskussion*, bei dem es sich um ein Gespräch zu einem bestimmten Thema handelt, das der Diskussionsleiter benennt. Im Rahmen dieser Methode steht nicht die Einzelmeinung der Beteiligten im Vordergrund, sondern die Meinung der Gruppe, die anhand des vorgegebenen Themas möglichst ohne Intervention diskutieren soll. Gemeinsame, milieuspezifische und biografische Erfahrungen sind hierbei von besonderer Bedeutung. Wichtig ist auch, dass die Teilnehmer in Bezug auf das Diskussionsthema gleiche oder ähnliche Erfahrungen gesammelt haben. Oberstes Ziel eines solchen Verfahrens ist die Herstellung einer Selbstläufigkeit, so dass im kommunikativen Austausch die milieutypische Art des sich aufeinander Beziehens und damit die Gültigkeit, Reproduzierbarkeit, Zuverlässigkeit und Objektivität des methodischen Vorgehens gegeben ist. Die Gruppendiskussion wurde digital aufgezeichnet und anschließend verschriftet, wobei wichtige Aussagen in ein Raster (Synopse) eingeflossen sind, das im Anhang dieses Buches zu finden ist.

An der Gruppendiskussion nahmen insgesamt 8 Betroffene teil, die sich in zwei wöchentlich tagenden Gesprächskreisen für junge Suchtkranke und -gefährdete unter dem Dach des Kreuzbunds, Diözesanverband Osnabrück, treffen. Es handelt sich um junge Alkohol-, Drogen- und Mehrfachabhängige im Alter von Mitte 20 bis 40.

Zu Beginn der Diskussion wird betont, dass die Suchtproblematik junger Betroffener in den Selbsthilfegruppen noch zu wenig diskutiert wird. Dabei wird vor allem deutlich, dass sie dort oftmals noch ein Nischendasein führen. So sei dann auch die Arbeit der Gruppen noch zu sehr auf das Thema *Alkohol* ausgerichtet. Auch können die jungen Betroffenen nicht verstehen, warum in den Gruppen immer noch stark zwischen Alkohol- und Drogenabhängigkeit unterschieden wird. Das Thema *Neue Süchte* bleibe dabei zu sehr auf der Strecke, wobei auch über den Mehrfachmissbrauch psychoaktiver Substanzen zu wenig diskutiert würde.

Alle Interviewten plädieren dafür, dass sich die Basis der Selbsthilfegruppen intensiver mit diesen Themen befassen soll. Betont wird darüber hinaus, dass es vor allem die ältere Generation ist, die noch etliche Vorbehalte gegenüber der Drogenabhängigkeit und dem Mehrfachmissbrauch hat, so dass sich Berührungsängste gegenüber jungen Drogenabhängigen ergeben.

Die junge Generation der Betroffenen macht sich des Weiteren für eine Umgestaltung festgefahrener Gruppenstrukturen und -themen stark. Gewünscht wird u. a. eine kontinuierliche Schulung des Nachwuchses durch gezielte Bildungsarbeit. Auch müsse das Thema *Neue Süchte* noch stärker in der Öffentlichkeit kommuniziert und die jungen Betroffenen einbezogen werden. Eine intensivere Nutzung des Internets im Rahmen einer solchen Öffentlichkeitsarbeit wird ebenfalls als wichtiger Aspekt betrachtet. Die Darstellung der Suchtselbsthilfe im Internet sollte daher nicht nur auf die ältere, sondern auch jüngere Gruppenmitglieder zugeschnitten sein.

Des Weiteren plädieren die Diskussionsteilnehmer für den Ausbau der Suchtprävention an Schulen, da Verbände und Gruppen von dieser Form der Aufklärungsarbeit profitieren könnten. Gewünscht wird auch eine stärkere Flexibilisierung des Gruppenangebots. Für äußerst wichtig werden darüber hinaus partizipative Methoden der Gruppen- und Bildungsarbeit erachtet, die mit kulturellen Angeboten verbunden sind.

Soweit die Meinung der jungen Betroffenen im Rahmen der Gruppendiskussion, die wir um weitere Aussagen komplettieren möchten, da wir zusätzlich zwei Einzelinterviews mit jungen Betroffenen aus zwei Selbsthilfegruppen der Freundeskreise durchgeführt haben.

2.4 Ergebnisse der Einzelinterviews mit zwei Mehrfachabhängigen

Die Befragung der beiden Gruppenmitglieder erfolgte auf telefonischem Wege und auf der Basis eines halbstandardisierten Interviews. Die beiden Befragten sind männlichen Geschlechts, 40 und 27 Jahre alt. Zu Beginn des Interviews betonen auch sie, dass das Thema *Neue Süchte* noch immer ein Schattendasein in der Suchtselbsthilfe führt, auch wenn sich die von ihnen besuchten Gruppen für diese Thematik geöffnet hätten.

Offenheit für andere Süchte sei vor allem in denjenigen Gruppen zu finden, in denen auch jüngere Betroffene als Mitglieder vertreten sind. Die Älteren hätten dagegen oftmals Angst vor dem Aspekt der Beschaffungskriminalität, was für viele von ihnen abschreckend sei. Wichtig wäre daher mehr Aufklärungsarbeit, um hinsichtlich der Drogenabhängigkeit und des multiplen Substanzkonsums zu einem offeneren Dialog zu gelangen und Vorurteile abzubauen.

Auch werden neue Gruppenstrukturen vorgeschlagen, zu denen Ausflüge, kulturelle Angebote und mehr Bildungsangebote gehören sollten. Junge Gruppenmitglieder hätten in diesem Sinne ein großes Interesse an der Auseinandersetzung mit unterschiedlichen Themen, da sie lernwillig seien. Aufklärung darüber, wie Selbsthilfe wirkt, sollte aber bereits schon in *Fachkliniken* und *ambulanten Therapieeinrichtungen* stattfinden.

Beide Interviewte machen zudem deutlich, wie schwierig es ist, jungen Betroffenen zu erklären, wie eine zufriedene Abstinenz zu erreichen sei. Auch sollten die aufnehmenden Selbsthilfegruppen wissen, dass jüngere Betroffene mehr Abstinenzpausen benötigen, was das Rückfallrisiko erhöhe. So falle manchen jungen Drogenabhängigen das abstinente Leben nicht leicht, besonders wenn sie gerade aus der Reha kämen. Viele von ihnen benötigten daher lange Wege, um dauerhaft *clean* zu bleiben. Dabei hätten sie den *Schalter* für den Weg in eine zufriedene Abstinenz vielfach noch nicht *umgeschmissen*, da dies oftmals erst Mitte/Ende des dreißigsten Lebensjahres geschehe.

Deutlich wird von beiden Befragten darauf hingewiesen, dass es den reinen Alkoholiker in der jungen Generation kaum noch gibt, sondern immer mehr Betroffene, die einen exzessiven Konsum mit unterschiedlichen psychoaktiven Substanzen betreiben. Dennoch sei die Suchtselbsthilfe noch zu sehr auf das Thema *Alkohol* fixiert, das nicht nur in der Gruppen-, sondern auch in der Seminararbeit eine beherrschende Rolle spiele.

Beide Gesprächspartner fühlen sich von ihrer Selbsthilfegruppe bestens unterstützt, auch wenn dort hauptsächlich ältere Gruppenmitglieder mit einer Alkoholabhängigkeit vertreten sind.

Der Jüngere der beiden Befragten betont im Interview, dass er ohne seine Gruppe den Weg in die Abstinenz nicht gefunden hätte. Dies zeuge davon, dass Suchtselbsthilfe auch bei anderen Süchten hervorragend greife. Daher seien Selbsthilfeangebote für junge Suchtkranke absolut wichtig, denn sie ermöglichten den Einstieg in ein Leben ohne Drogen. Die unterschiedliche Altersstruktur in den Gruppen betrachtet er sogar als Vorteil, da er von reichhaltigen Erfahrungen der Älteren profitiert hätte, und dies besonders in Zeiten, in denen er mal wieder unter starkem Suchtdruck stand.

Des Weiteren schlägt er vor, neben gemischten Gruppen auch Gruppen für jüngere Betroffene einzurichten, besonders wenn sie in der Anfangszeit ihrer Abstinenz sind. Wenn sie dann stabiler wären, könnten sie auch in eine gemischte Gruppe überwechseln, in der alle Generationen vertreten sind.

Beide Befragten halten es für äußerst wichtig, dass die Suchtselbsthilfe sich für neue Süchte öffnet und sich intensiver mit diesem Themen beschäftigt. Drogenaufklärung sei ein wichtiger Aspekt, um mehr Verständnis und Offenheit gegenüber neuen Suchtformen zu entwickeln. Damit unterstreichen sie noch einmal die Aussagen, die im Rahmen der Interviews mit den Gruppenverantwortlichen und der Diskussion mit den jungen Betroffenen gewonnen wurden.

2.5 Fazit zu den Aussagen der schriftlichen und mündlichen Befragung

Zwar haben sich in der schriftlichen Befragung nur knapp 50 Prozent der Gruppenmitglieder für eine Einbindung von Drogenabhängigen in Suchtselbsthilfegruppen ausgesprochen, dafür plädieren aber viele der Befragten für eine intensivere Beschäftigung mit dem Thema *Neue Süchte*.

Auch wenn das Thema *Alkoholabhängigkeit* weiterhin einen relativ hohen Stellenwert in der Diskussion der Suchtselbsthilfegruppen einnimmt, so ist doch unverkennbar, dass in der jüngeren und mittleren Generation der Gruppenmitglieder eine stärkere Abhängigkeit von mehreren Substanzen zu verzeichnen ist.

Auch sollten sich die Gruppen intensiver mit der Lebensweise und dem Lebensstil junger Erwachsener beschäftigen. Dazu gehört nicht zuletzt die Auseinandersetzung mit deren Suchtgeschichte, die zum Teil andere Verlaufsformen als die der älteren Generation aufweist, auch wenn etliche Parallelen zwischen den Ursachen der Alkohol- und Drogenabhängigkeit festzustellen sind.

Natürlich muss jede Gruppe für sich selbst entscheiden, inwieweit sie sich für das Thema *Neue Süchte* öffnet und dazu bereit ist, Betroffene mit anderen Suchtformen aufzunehmen. Eine pauschale Antwort auf diese Frage kann es in diesem Zusammenhang nicht geben. Ein wichtiges Kriterium ist jedoch der Aspekt der *Selbsthilfefähigkeit*, womit die Anforderungen an eine aktive Gruppenteilnahme gemeint sind. So ist ein Teil der jungen Generation nicht selbsthilfefähig, da bei ihnen ein starkes Konsumdenken gegenüber der Selbsthilfe dominiert. Dies betrifft vor allem jene Betroffene, die auf der Suche nach Experten sind und sich nicht vorstellen können, dass es in der Gruppenarbeit vorrangig darum geht, sich selbst zu helfen.

Natürlich trifft dies nicht auf die gesamte Generation der jungen Betroffenen zu, sondern, wie betont, nur auf einen bestimmten Teil von ihnen. Soweit sie gruppenfähig sind, sind sie auch für den Ansatz der Hilfe zur Selbsthilfe offen und zeigen eine aktive Mitarbeit, was uns im Rahmen anderer wissenschaftlicher Untersuchungen immer wieder von älteren Gruppenmitgliedern berichtet wurde. Einige der Betroffenen haben durch die Gruppe mehr Selbstvertrauen gewonnen und gelernt, ihr Leben in die eigene Hand zu nehmen. Manche von ihnen haben im Nachhinein sogar ihren Haupt- oder Realschulabschluss nachgeholt und/oder eine Berufsausbildung absolviert und diese auch bestanden. Deshalb sollten wir uns vor Pauschalaussagen bezüglich der Selbsthilfefähigkeit junger Betroffener hüten und einen differenzierten Blick für sie und ihre Anliegen entwickeln.

Für die Teilnahme junger Betroffener an einer Selbsthilfegruppe spricht vor allem, dass sie dort Gleichgesinnten auf Augenhöhe begegnen und lernen, ihr Leben ohne Suchtmittel *aktiv* zu gestalten. Sie treffen dort Menschen, die ihnen dabei helfen, ihre guten Vorsätze im Wege der Hilfe zur Selbsthilfe in Taten umzusetzen. Auch sind manche der älteren Gruppenmitglieder vielleicht schon dort angelangt, wo die jungen noch hin möchten.

Dazu kommt, dass man sich in einer Selbsthilfegruppe mit seinen Ideen und seinem persönlichen Engagement einbringen kann. Und nicht nur das, denn man kann dort mit den Erfahrungen von Gemeinschaft, Solidarität, Ermutigung und Lebensfreude nahe an dem sein, was die Welt im inneren zusammenhält. Ob es sich dabei um eine altersgemischte Gruppe oder einen Zusammenschluss von ausschließlich jungen Suchtkranken handeln soll, kann immer nur im Einzelfall und in Bezug auf die vorhandenen lokalen Infrastrukturen entschieden werden. Nur eines müssen wir hier nicht lange diskutieren: dass Selbsthilfe wirkt!

Empfehlen möchten wir den Selbsthilfegruppen darüber hinaus eine stärkere Kooperation mit Institutionen der Suchthilfe, wozu Fachstellen für Sucht und Fachkliniken gehören. Im Rahmen der Öffentlichkeitsarbeit würde es zudem Sinn machen, Jugendämter und Krankenkassen stärker in die Diskussion um neue Süchte einzubeziehen.

Für wichtig halten wir auch die Schulung der mittleren und jüngeren Generation der betroffenen und mitbetroffenen Gruppenmitglieder durch spezielle Bildungsangebote. Diese sollen nicht nur inhaltlich und methodisch, sondern auch hinsichtlich ihres zeitlichen Ablaufs auf diese Altersgruppen zugeschnitten sein.

Um der Diskussion um das Thema *Neue Süchte* ein wenig Vorschub zu leisten, gehen wir im letzten Kapitel des Buches auf die Wirkungsweisen und gesundheitlichen Risiken des Konsums unterschiedlicher psychoaktiver Substanzen ein. Die Ausführungen enthalten zum Teil Handlungsempfehlungen für die Arbeit der Selbsthilfegruppen. Wir würden uns daher sehr freuen, wenn sie die Gruppendiskussion bereichern. Beginnen wollen wir aber nicht mit den sog. illegalen Drogen, sondern mit der gesellschaftlichen Droge Nr. 1, dem Alkohol.

2.6 Durchführung der schriftlichen Befragung

Aufgrund der Struktur der Suchtselbsthilfegruppen bot es sich an, die Fragebogen über die jeweiligen Gruppenleitungen an die Gruppenmitglieder verteilen zu lassen. Dabei war es den Gruppenmitgliedern freigestellt, die Fragebogen vor Ort auszufüllen oder die Bogen zum Ausfüllen mit nach Hause zu nehmen.

Im Juni 2017 wurde ein erfolgreicher Pretest des Fragebogens in einer Suchtselbsthilfegruppe durchgeführt. Parallel dazu erfolgte die Kontaktaufnahme mit den Verantwortlichen der teilnehmenden Suchtselbsthilfeverbände, um die Adressen der örtlichen Gruppen zu erhalten. Die teilnehmenden Verbände, die in der NLS organisiert sind, waren der Kreuzbund Landesverband Oldenburg e.V., der Kreuzbund Diözesanverband Osnabrück e.V., die Freundeskreise für Sucht-krankenhilfe in Niedersachsen e.V., der Landesverband Niedersachsen des Blauen Kreuzes in der evangelischen Kirche und der Landesverband der Gut-templer in Niedersachsen. Die Kontaktaufnahme mit den Gruppen gestaltete sich je nach Verband unterschiedlich. So haben wir einige Gruppen nur über den postalischen Weg erreicht (Kreuzbund Oldenburg, Guttempler). Bei den anderen Verbänden waren einige Gruppen nur über E-Mail erreichbar. Insgesamt wurde zu 186 Selbsthilfegruppen Kontakt aufgenommen, davon wurden 120 per Brief und 66 per E-Mail angeschrieben und um Teilnahme gebeten. Zugleich waren die Gruppen aufgefordert im Antwortschreiben anzugeben, wie viele Fragebo-gen pro Gruppe benötigt werden.

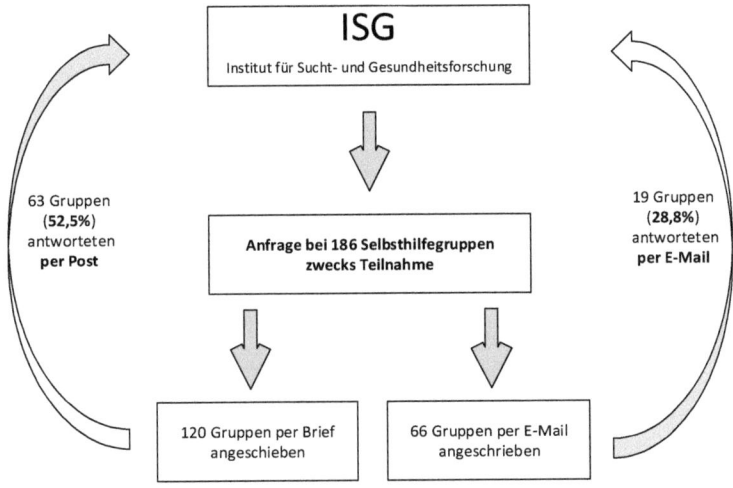

Abbildung 3: Versand der Fragebogen

Der Rücklauf der Antwortschreiben aus den Gruppen verlief je nach Versandart recht unterschiedlich. So antworteten auf die Anschreiben per Brief 63 Gruppen, was einem Prozentsatz von 52,5% entspricht. Auf die Anschreiben per Mail antworteten nur 19 Gruppen. Hier lag der Prozentsatz der antwortenden Grup-pen bei nur 28,8%. Das Anschreiben der Gruppen verlief in zwei gestaffelten Phasen, zuerst rund 130 Gruppen, danach nochmal etwa 50 Gruppen. Da in der ersten Phase schon absehbar war, dass der Weg über das Anschreiben per E-Mail weniger erfolgreich war, wurden die letzten Gruppen ausschließlich per Brief angeschrieben. Nach Auswertung aller Antwortschreiben ergab sich für die 82 erfolgten Rückmeldungen der Gruppen eine Anforderung von insgesamt 1086 Fragebogen. Diese wurden im Zeitraum von Ende Juli bis Ende August

2017 an die Gruppen verschickt. Der Rücklauf der Fragebogen erstreckte sich über den Spätsommer bis in den beginnenden Herbst 2017 hinein. 70 Gruppen schickten ihre ausgefüllten Fragebogen zurück[2].

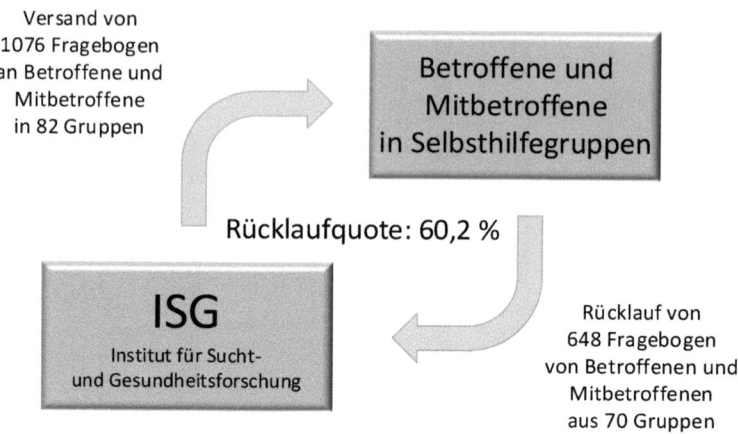

Abbildung 4: Rücklauf der Fragebogen

Mit 648 eingegangenen und fast immer vollständig ausgefüllten Fragebogen liegt die Rücklaufquote bei insgesamt 60,2 %. Die Rücklaufquoten der einzelnen Verbände unterscheiden sich kaum und pendeln in etwa zwischen 57,5 und 62 Prozent.

---

[2] Da jeweils jede Gruppe ihre ausgefüllten Fragebogen per Rückumschlag an uns zurückgeschickt hat, konnten wir durch Auszählung der eingetroffenen Rückumschläge die Zahl der antwortenden Gruppen ermitteln.

2.7 Zusammensetzung der Stichprobe

Um einschätzen zu können, inwieweit die in dieser Studie vorliegenden Ergebnisse einen verlässlichen Einblick in die Realität der Suchtselbsthilfegruppen in Niedersachsen geben, seien einige Zahlen exemplarisch dargestellt und mit Zahlen aus anderen Quellen verglichen. Von den 648 befragten Personen haben 637 Angaben zum Geschlecht gemacht. Hiervon gaben 249 (42,9 %) an, weiblich zu sein. 346 Befragte (47,1 %) gaben an, männlich zu sein.

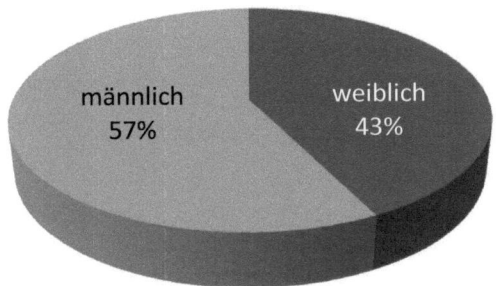

Abbildung 5: Geschlechterverteilung

Die geschlechtsspezifische Zusammensetzung aller Mitglieder der Suchtselbsthilfegruppen in der vorliegenden Studie deckt sich mit Daten aus einer Erhebung der Hessischen Landesstelle für Suchtfragen e. V. aus dem Jahr 2016. Hierbei stellte sich ein Geschlechterverhältnis von 58,5 % männlicher zu 41,5 % weiblicher Befragten heraus (Hessische Landesstelle 2016, S. 4).

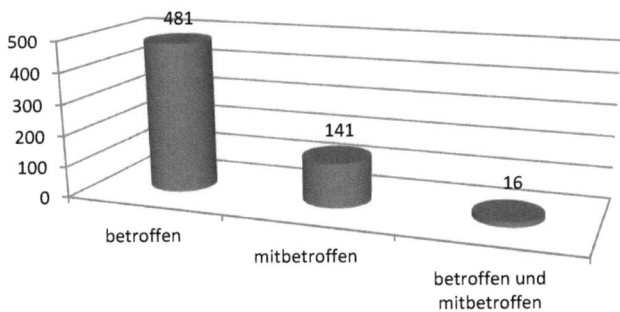

Abbildung 6: Art der Betroffenheit

Die Aufteilung der Gesamtheit in Betroffene und Mitbetroffene ergibt das folgende Ergebnis: 481 Befragte (75,4 %) gaben an betroffen zu sein, 141 Befragte (22,1 %) gaben an mitbetroffen zu sein und 16 Befragte (2,5 %) waren sowohl betroffen als auch mitbetroffen.

In der hessischen Untersuchung wurde in Suchtkranke (71,1 %), Angehörige (20,2 %) und Interessierte (7,6 %) unterscheiden (Hessische Landesstelle 2016, Seite 4). In einer Erhebung der Thüringer Landesstelle für Suchtfragen e.V. von 2013 ergab sich ein Wert von 82 % für die Suchtkranken, 16 % für die Angehörigen und 2 Prozent für Interessierte (Thüringer Landesstelle 2013, S. 7). Soweit die Werte aus Hessen und Thüringen mit den von uns ermittelten Werten vergleichbar sind, kann man sagen, dass sie in etwa ähnliche Verhältnisse in den Gruppen widerspiegeln.

Wie sieht nun die Geschlechterverteilung bei Betroffenen und Mitbetroffenen aus? Die Gruppe derer, die sowohl betroffen als auch mitbetroffen sind, werden jeweils für die Einzelbetrachtung beiden Gruppen hinzugezählt.

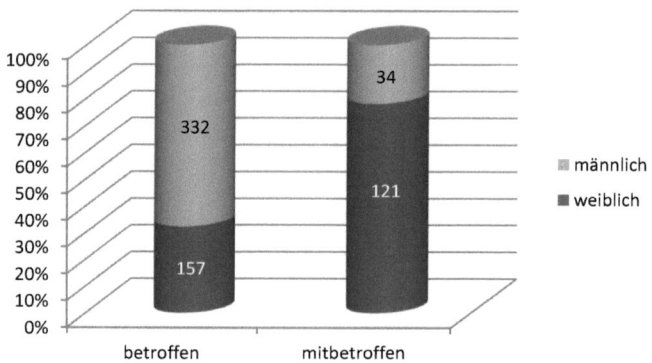

Abbildung 7: Betroffenheit nach Geschlecht

Bei den Betroffenen gaben 332 Personen (67,9 %) an, männlich und 157 Personen (32,1 %) weiblich zu sein. Unter den Mitbetroffenen fanden sich dagegen nur 34 Personen (21,9 %) männlichen und 121 Personen (78,1 %) weiblichen Geschlechts. Damit kehrt sich das Verhältnis in etwa um.

Auch in den Daten der hessischen Untersuchung (Hessische Landesstelle 2016, S. 4) ergibt sich eine ähnliche Verteilung:

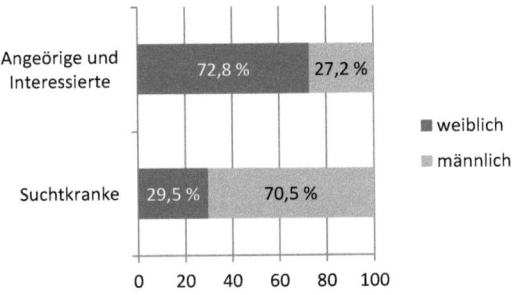

Abbildung 8: Betroffenheit nach Geschlecht II (Hessen)

Aus den hier angeführten Daten lässt sich also ablesen, dass bei den Mitbetroffenen bzw. Angehörigen Personen weiblichen Geschlechts deutlich in der Überzahl sind.

Die Altersangaben derer, die an der Untersuchung teilgenommen haben, entsprechen insgesamt den erwarteten Erfahrungswerten aus vorangegangenen eigenen Untersuchungen (vgl. Kastenbutt/Müller 2016, S. 60) und aus vergleichbaren Ergebnissen aus Untersuchungen in Hessen (vgl. Hessische Landesstelle 2016, S. 5) und Thüringen (vgl. Thüringer Landesstelle 2013, S. 7).

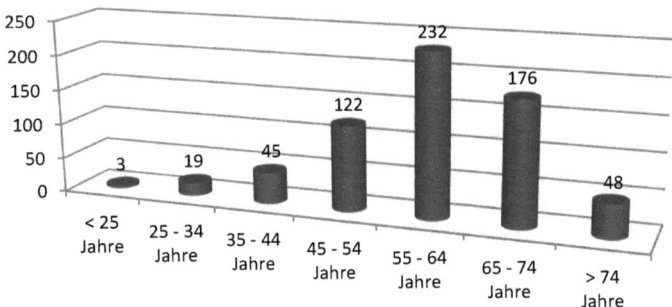

Abbildung 9 : Altersverteilung

Bildet man aus den gewonnenen Daten unter Verwendung der Klassenmitten einen Altersindex, so erhält man einen Wert von 59,0 Jahren. In der Studie der Hessischen Landesstelle für Suchtfragen kommt man auf einen Wert von 53,8 Jahren (Hessische Landesstelle 2016, S. 5). Dies ist ein durchaus signifikant geringerer Alterswert. Bei genauer Betrachtung der hessischen Daten erkennt man, dass dort einzelne an der Studie teilnehmende Verbände eine deutlich jüngere Altersstruktur aufweisen, was den Effekt erklären kann.

Bei der für die vorliegende Studie wichtigen Frage nach der Verbreitung des Mehrfachkonsums in den Suchtselbsthilfegruppen fallen aussagekräftige Vergleiche mit anderen Untersuchungen schwer. So ist nicht klar, ob Mehrfachkonsum schon dann vorliegt, wenn der oder die Abhängige von mehr als einer Abhängigkeit betroffen ist oder ob mindestens drei Abhängigkeiten vorliegen müssen. Im Falle unserer Befragung lag es in der Hand der Befragten, ob sie sich selbst als mehrfachabhängig einschätzen.

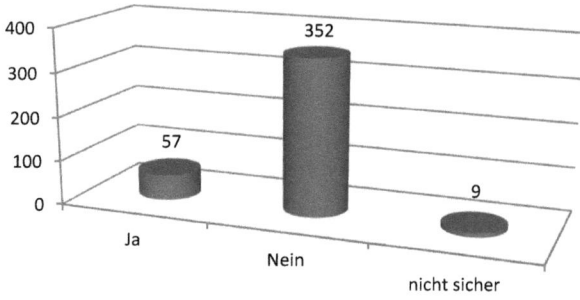

Abbildung 10 : Selbsteinschätzung Mehrfachabhängigkeit

Im Ergebnis schätzten sich 57 befragte Personen als mehrfachabhängig ein. Das entspricht einem prozentualen Anteil von 13,6 %. Die in Hessen und Thüringen gefundenen Werte für den Anteil von Mehrfachabhängigen liegen deutlich unter dem von uns gefundenen Wert. In Hessen lag der Wert bei 7,6 % (Hessische Landesstelle 2016, S. 6) und in Thüringen bei nur 3,7 % (Thüringer Landesstelle 2013, S. 11)

Mehrfachabhängigkeit im Vergleich

Anteil der Befragten in den Selbsthilfegruppe, die mehrfachabhängig sind

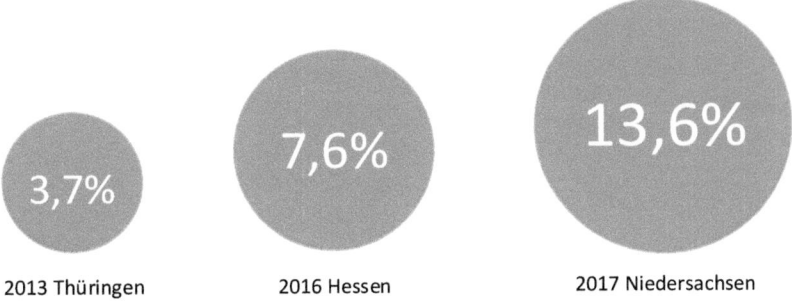

2013 Thüringen   2016 Hessen   2017 Niedersachsen

Abbildung 11 : Mehrfachabhängigkeit im Vergleich

Ein letzter Aspekt, der hier noch einmal gesondert beleuchtet werden soll, ist die jeweilige Beteiligung der einzelnen Suchtselbsthilfeverbände an dieser Untersuchung. Insgesamt fünf Verbände nahmen an der Untersuchung teil, der Kreuzbund war durch die Osnabrücker und Oldenburger Verbände zweimal vertreten. In der Darstellung werden die beiden Kreuzbundverbände zusammen betrachtet.

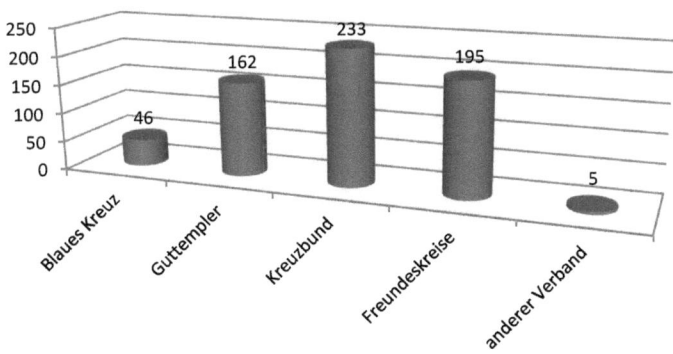

Abbildung 12: Teilnahme nach Gruppen

Angesprochen wurden für die Teilnahme auch noch andere Gruppen und Verbände der Suchtselbsthilfe, hier kam aber keine Teilnahme zustande.

Hinsichtlich der Zusammensetzung der Stichprobe (Geschlecht, Alter, Betroffenheit usw.) lässt sich abschließend sagen, dass die hier vorliegende Studie, auch bei Beachtung der vorhandenen Unterschiede, den Ergebnissen anderer Studien durchaus ähnelt. Wo Unterscheide auftraten, z. B. in der Frage nach der Mehrfachabhängigkeit, lassen sich diese anhand der vorhandenen Informationen nicht gänzlich erklären. Vieles spricht allerdings dafür, dass unterschiedliche Kriterien und Erhebungsmethoden für die Differenzen in den Ergebnissen verantwortlich sind.

3. Seelische und körperliche Wirkungsweisen von Drogen

3.1 Das Thema *Alkohol*

Das Thema *Alkohol* steht auch zu Beginn des 21. Jahrhunderts weiterhin im Fokus der Aufmerksamkeit der Suchtselbsthilfegruppen. Wie unsere Studie zeigt, befinden sich unter der jüngeren und mittleren Generation der Gruppenmitglieder zunehmend Betroffene, die auch von anderen psychoaktiven Substanzen abhängig waren. Unsere Forschungsergebnisse zeigen deutlich, dass dieses Thema noch zu wenig in den Gruppen diskutiert wird, obwohl auf gesellschaftlicher Ebene eine Zunahme der Mehrfachabhängigkeit von Alkohol, Drogen und Medikamenten zu verzeichnen ist (vgl. Scherbaum/Thoms 2016, S. 226ff.).

Bevor wir im Folgenden auf die Wirkungen und Risiken des Drogen- und Medikamentenkonsums eingehen, wollen wir vorab die akuten und langfristigen Folgen des exzessiven Alkoholkonsums ein wenig näher beleuchten. Wir gehen in diesem Zusammenhang davon aus, dass der Alkohol auf gesellschaftlicher Ebene auch in den nächsten Jahren weiterhin die Droge Nr. 1 bleiben wird. Dabei gilt es zu erkennen, welche sozialen, psychischen und gesundheitlichen Risiken mit seinem Konsum verbunden sind. Im Vergleich mit anderen psychoaktiven Substanzen sollten die Risiken daher nicht herunterspielt werden, denn Alkohol gehört neben Heroin und Crack zu den weltweit gefährlichsten Drogen überhaupt (vgl. Lachenmeier/Rehm 2015). Zwar gehen auch mit dem Konsum der erwähnten beiden anderen Drogen etliche Gesundheitsrisiken einher, zieht man aber neben den gesundheitlichen noch die sozialen Auswirkungen des Alkoholmissbrauchs mit ein, führt er auf globaler Ebene die Rangliste der gefährlichsten Suchtmittel an.

So kann ein exzessiver Alkoholkonsum zum Beispiel mit extremen Stimmungsschwankungen, Ängsten und Niedergeschlagenheit verbunden sein (vgl. Mehrkühler 1999; Soyka et al. 2008, S. 233ff.). Bei einem längerfristigen Missbrauch kann es zu Magengeschwüren und Bauchspeicheldrüsenentzündungen kommen (vgl. Schneider et al. 2005, 217ff.). In Kombination mit dem Konsum von Tabak können sich Bluthochdruck und Herz-Kreislauf-Probleme entwickeln. Soweit es infolgedessen zu einer Schwächung des Herzmuskels kommt, können Herzrhythmusstörungen in Erscheinung treten, die das Risiko eines Herzinfarkts oder eines Schlaganfalls erhöhen (vgl. Soyka et al. 2008, S. 162ff.).

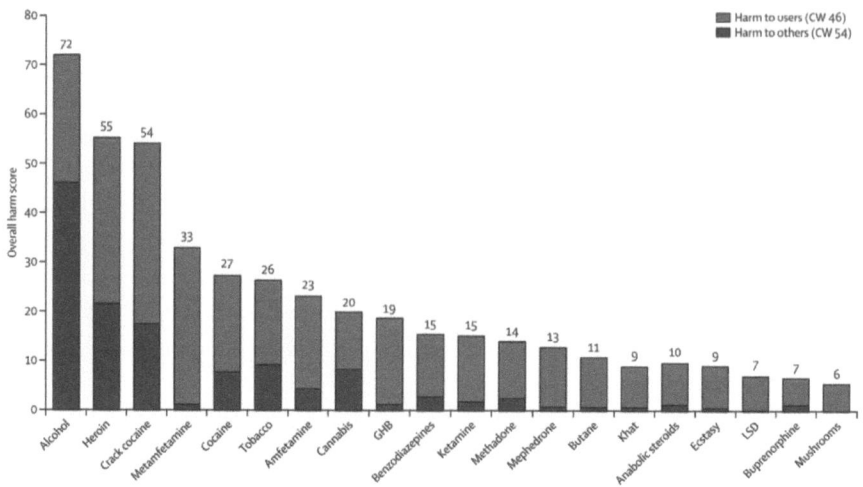

Abbildung 13: Drugs - Harm to users / Harm to others (aus: Nutt/King/Philips 2010, Seite 1561)

Auch wenn es sich beim Alkohol um eine *legale Droge* handelt, so kann sie bezüglich der gesundheitlichen Akut- und Langzeitfolgen problemlos mit anderen Drogen mithalten, denn es stirbt heute weltweit alle zehn Sekunden ein Mensch an den Folgen des Alkoholmissbrauchs. In Deutschland geschieht dies immerhin alle sieben Minuten. 10 Millionen Menschen betreiben in unserem Land einen gesundheitsriskanten Alkoholkonsum, wobei knapp 2 Millionen Alkoholabhängige dringend behandlungsbedürftig sind (vgl. DHS 2014).

Experten halten Alkohol für so gefährlich, da der Missbrauch dieser Droge weit verbreitet ist und sich eben nicht nur auf die Konsumenten, sondern auch auf ihr soziales Umfeld auswirkt. Alkohol steht demnach nicht nur in einem engen Zusammenhang mit höheren Todesraten, sondern er spielt auch bei vielen Gesetzesverstößen eine bedeutendere Rolle als die meisten anderen Drogen.

3.2 Drogenkonsum und Drogenmissbrauch: eine Gratwanderung zwischen Genuss und Abhängigkeit

Auch wenn Alkohol weiterhin das beliebteste und am weitesten verbreitete Rauschmittel ist, so macht es keinen Sinn, die Augen vor dem zunehmenden Konsum anderer psychoaktiver Substanzen zu verschließen.

Dazu kommt noch die zunehmende Pharmakologisierung des Alltags, die bereits in den 1960er Jahren des vergangenen Jahrhunderts begann. Ab diesem Zeitpunkt kamen Produkte auf den Markt, „deren Wirksubstanzen auf das Zentralnervensystem zielen: Valium, Librium, Nobrium. Ihre Markteroberung vollzog sich schleichend und ohne die gebührende öffentliche Aufmerksamkeit. Die war ganz und gar auf die illegalisierten sogenannten Jugenddrogen fixiert: Opium, Heroin, Kokain, Haschisch und LSD. Ihnen wurde der Drogenkrieg erklärt, in dessen Schatten die Pharmaindustrie ihre eigenen Produktentwicklungen vorantrieb, bis hin zu jenen Substanzen, die heute am Markt sind, und von denen es heißt, sie steigerten das Leistungsvermögen und verbesserten das Wohlbefinden ihrer Konsumenten" (Amendt 2010). In diesem Sinne ist davon auszugehen, dass der Mischkonsum von Drogen aller Art, seien sie gesetzlich erlaubt oder verboten, in den nächsten Jahren weiter zunehmen wird. Was aber meint der Begriff *Droge* überhaupt? Und wo kommt er im sprachwissenschaftlichen Sinne eigentlich her?

Mit dem Wort *Droge* werden in der deutschen Umgangssprache vor allem Rauschdrogen, Rauschgifte oder Suchtmittel bezeichnet, bei denen es sich um psychotrope Substanzen handelt, deren Konsum im zentralen Nervensystem eine bewusstseins- und wahrnehmungsverändernde Wirkung hervorrufen kann. Der Begriff stammt von dem niederländischen Wort *drog* ab und bedeutet *trocken*. Das ursprüngliche Verständnis des Begriffs bezeichnete getrocknete Pflanzen oder Kräuter, die als Gewürz, Parfüm oder Medizin genutzt wurden. Heute gebrauchen wir die Bezeichnung aber weniger für Heil- oder Arzneimittel, sondern vor allem für Stoffe, die den Menschen körperlich und seelisch abhängig machen können und eher mit einem Missbrauch in Verbindung gebracht werden. Kommt es zu einer Abhängigkeit von solchen Substanzen, so gilt der Betroffene als drogenabhängig.

Unsere Auseinandersetzung mit den Wirkungsweisen und den gesundheitlichen Risiken des Drogenkonsums erfolgt im Folgenden keineswegs moralisierend. Auch wollen wir die einzelnen Substanzen nicht gegeneinander ausspielen. Wir wollen vielmehr zeigen, wie sie wirken und was sie auf seelischer und gesundheitlicher Ebene auslösen können. Wir plädieren daher für eine sachliche Auseinandersetzung, um möglichen Vorurteilen zu begegnen, die mit dem Denken bezüglich solcher Substanzen verbunden sind.

Wie beim Konsum von Alkohol, so gibt es auch beim Konsum von Drogen ein bekanntes Grundbedürfnis des Menschen, seine Befindlichkeit von Zeit zu Zeit zu verändern. Dadurch sollen Entspannung, Angstlösung und Enthemmung bis hin zu gesteigertem Selbstvertrauen erreicht werden, wobei es zu einer Euphorisierung der Gefühle bis hin zur Ekstase kommen kann.

Das Bedürfnis der Menschen nach rauschhaftem Erleben lässt sich jedoch nicht mit Erfolg verbieten, da die meisten Versuche, sie daran zu hindern, bisher kläglich gescheitert sind (vgl. Quensel 2010, S. 106ff.). Mit repressiven Mitteln erreicht man gar nichts, was die Prohibition zu Beginn des 20. Jahrhunderts in den USA gezeigt hat. Wir plädieren daher für eine differenzierte Auseinandersetzung mit dem Thema, bei der auch die Ursachen und Risiken des Drogenkonsums mit einzubeziehen sind (vgl. Gebauer 2012).

Dabei gilt es zu erkennen, welche Persönlichkeitseigenschaften im Rahmen des Substanzkonsums eine Rolle spielen, womit Stärken und Schwächen sowie der Umgang mit Gefühlen gemeint sind. Von Bedeutung ist auch die soziale Umwelt, denn sie beschreibt die Lebenssituation und die Belastungen der Konsumenten im Spiegel ihrer Lebensumstände. Eine weitere Rolle spielen die Beschaffenheit und Dosis der Droge sowie die individuellen Erfahrungen, die mit ihrem Konsum gemacht wurden bzw. werden.

Bevor wir uns nun einzelnen Rauschmitteln zuwenden, beginnen wir mit einer Beschreibung dessen, was unter einem multiplen Substanzkonsum zu verstehen ist. Im Anschluss daran gehen wir auf das Wirkungsspektrum unterschiedlicher Substanzen und die gesundheitliche Risiken ihres Konsums ein.

3.3 Multipler Substanzgebrauch

Der Begriff *multipler Substanzkonsum* bezeichnet eine Form des Drogengebrauchs, bei dem zwei oder mehr Substanzen zeitgleich konsumiert werden (vgl. Barsch et al. 2004, S. 49ff.). Dabei kommt es zu einer Überlappung unterschiedlicher Wirkungsspektren, wobei sich einzelne Substanzen entweder gegenseitig verstärken oder abschwächen können (vgl. Poehlke/Stöver 2016, S. 114). Ein solcher Drogengebrauch zeigt viele Facetten, die vom gewohnheitsmäßigen Konsum bis hin zur Substanzabhängigkeit reichen können (vgl. (vgl. EMCDDA 2017). Wichtig ist es, einen solchen Konsum differenziert zu betrachten, da er nicht generell zur Abhängigkeit führt. (Kemmesies 2004, S. 24).

So wurden im Rahmen des *Global Drug Survey* weit über 100.000 Menschen nach den Gründen und Formen ihres Drogenkonsums befragt. Die Studie zeigt deutlich, dass die meisten der Befragten psychoaktive Substanzen eher zum Vergnügen und Genuss konsumieren und daher nicht drogenabhängig sind (vgl. Global Drug Survey 2017). Auch wird in dem Bericht darauf hingewiesen, dass Menschen, die gelegentlich Cannabis oder andere psychoaktive Substanzen nehmen, aus allen Schichten der Gesellschaft stammen.

Was aber steckt hinter dem Mehrfachkonsum von Drogen? Warum reicht der Gebraucht einer Substanz für immer mehr Menschen nicht aus? „Gründe, Drogen zu kombinieren, liefern heute vielfach das Bedürfnis nach einer Gesamtwirkung, die durch einen Drogenmonokonsum nicht erzielbar ist, oder/und der Wunsch nach einer gezielten Kompensation der unerwünschten Nebenwirkung einer Substanz durch die Kombination einer weiteren. Mit dieser Sichtweise ließe sich der Mischkonsum nicht mehr nur als chaotisch und wahllos verstehen, sondern als ein Handeln, bei dem die Konsumenten ihre Erfahrungen mit unterschiedlichen psychoaktiven Substanzen nutzen, um der gewünschten Gesamtwirkung näher zu kommen" (Barsch et al. 2006, S. 1).

Der Gebrauch psychoaktiver Substanzen kann jedoch als ein gezielter Eingriff in die Psyche verstanden werden, um *Sinneseindrücke*, *Gefühle* und *Stimmungen* zu beeinflussen. Es lässt sich auf diesem Wege eine *bewusst erlebte Realität* erschaffen, die aber mit der *objektiven Realität* nicht zu verwechseln ist. Dies trifft besonders auf psychedelische oder bewusstseinserweiternde Drogen zu, auf die im Folgenden noch näher eingegangen wird. Ob eine Droge jedoch geraucht, getrunken, geschluckt oder gespritzt wird, früher oder später gelangt sie in den Blutkreislauf. Von dort aus wirkt sie auf verschiedene Synapsen im Gehirn, wo sie ihre Kraft entfaltet, indem sie ein oder mehrere Transmitter beeinflusst.[3] Bis zu diesem Punkt funktionieren alle Drogen gleich, was auch auf den Alkohol zutrifft. Wie die Beeinflussung der Transmitter jedoch im Einzelnen abläuft, ist von Substanz zu Substanz verschieden. Ob nun aber jemand von einer Droge seelisch oder körperlich abhängig wird, hängt von weiteren Kriterien ab. Als ein wichtiges Kriterium gilt die Toleranzentwicklung, womit die Steigerung der Substanzdosis und die Gewöhnung an die Droge gemeint sind.

Ein solch abhängiger Konsum geht mit einem unabweisbaren Verlangen nach einem bestimmten *Gefühls-, Erlebnis- und Bewusstseinszustand* einher (Hurrelmann/Quenzel 2016, S. 242ff.). Bleibt der damit verbundene *Kick* im Laufe der

---

[3] Ein veränderter Bewusstseinszustand kann durch den Konsum chemischer Stoffe (psychotrope Substanzen) oder durch bestimmte Verhaltensweisen (Glücksspiel, Essen, Arbeiten etc.) herbeigeführt werden. Dabei kommt es zu einer Veränderung der Neurotransmitter im Gehirn. Neurotransmitter sind Botenstoffe, die an chemischen Synapsen die Erregung von einer Nervenzelle auf andere Zellen übertragen.

Zeit aber aus oder tritt er nur noch in abgeschwächter Form in Erscheinung, werden Drogen oftmals nur noch konsumiert, um auftretende Entzugserscheinungen so gering wie möglich zu halten (vgl. (vgl. Korte 2007, S. 210; Batra/Scherbaum 2012, S. 23f.).

So kann ein häufig wiederholter Drogengebrauch den schleichenden Beginn einer Sucht darstellen. Die Toleranzentwicklung, die Häufigkeit des Konsums und die Gewöhnung an die Droge spielen dabei eine zentrale Rolle. Auch kommt es in diesem Zusammenhang vielfach zu Entzugserscheinungen, die spätestens beim Absetzen des Suchtmittels in Erscheinung treten.

„Sie können durch die (Wieder-)Einnahme der Substanzen oder das entsprechende Suchtverhalten verhindert (oder zumindest gemildert) werden. Die Kontrolle über den Gebrauch des Suchtmittels oder die süchtige Verhaltensweise ist oft herabgesetzt oder gar nicht mehr vorhanden. Und die Droge wird auch gegen den eigenen Wunsch und trotz negativer Auswirkungen (psychisch, physisch oder sozial) genommen: ‚Ich will nicht, aber ich muss. Es ist wie ein innerer Drang'. Häufig bestimmen das süchtige Verhalten oder die Beschaffung und der Konsum des Suchtmittels daher den Tagesablauf der Betroffenen. Sie wenden erstaunlich viel Zeit und Energie dafür auf und vernachlässigen andere Verpflichtungen" (Gross 2016, S. 6).

Auf subjektiver Ebene stellt sich ein solches Verhalten als misslungene Konfliktlösung und als Selbstheilungsversuch dar. Damit lassen sich Missbrauch und Sucht aber allein nicht erklären, denn sie haben zugleich eine soziale und gesellschaftliche Seite, die in Bezug auf die Suchtursachen nicht ausgeblendet werden darf (vgl. Schmieder 1992, S. 53ff.; Gerhard 2014, S. 89ff.). Denken wir dabei nur an das von Kielholz und Ladewig entwickelte *Suchtdreieck*, das deutlich macht, dass neben den pharmakologischen Eigenschaften einer Droge und der seelischen Konstitution des Drogenkonsumenten auch das soziale Umfeld, der soziale Status, die gesellschaftlichen Normen und die Verfügbarkeit einer Substanz von Bedeutung sind (vgl. Kielholz/Ladewig 1973).

WIE KOMMT ES ZUR SUCHT?

Suchtmittel
(stoffliche Droge oder Verhaltensweise)
**Wirkung, Verfügbarkeit, gesellschaftliche
Bewertung, Akzeptanz innerhalb der Gruppe**

**Das
Suchtdreieck**

Mensch
Persönlichkeit, Lebensumstände
persönliche Erlebnisse,
Entwicklungszustände

Umwelt
Familie, soziales Umfeld, Freizeitmöglichkeiten,
Freundeskreis, Betreuungsangebote,
schulische / berufliche Situation

Abbildung 14: Das Suchtdreieck (nach Kielholz/Ladewig 1973)

Von besonderem Interesse für eine Diskussion um den sich verändernden Substanzkonsum ist auch der zeitgeschichtliche Rahmen, in dem bestimmte Drogen auf den Markt kommen. Dies betrifft vor allem synthetische Drogen wie Speed, Ecstasy und Crystal Meth, die ab Mitte der achtziger Jahre den Drogenmarkt eroberten (vgl. Freye 2014, S. 104ff.). Sicherlich hat es solche oder ähnliche Substanzen in anderer chemischer Zusammensetzung und unter anderem Namen auch schon in früherer Zeit gegeben (z. B. Amphetamine mit aufputschender Wirkung). Der Run auf die neuen Drogen hat aber erst in den letzten zwei Jahrzehnten so richtig eingesetzt.

Des Weiteren ist davon auszugehen, dass es in naher Zukunft ein noch größeres Angebot an synthetischen und biogenen Drogen[4] geben wird. Aktuelles Beispiel dazu sind die sog. *Legal Highs*[5], die als neue psychoaktive Substanzen in permanent veränderter Form auf den Drogenmarkt kommen. Wie sich dieser Markt jedoch in Zukunft entwickeln wird, kann aus heutiger Sicht nicht exakt vorausgesagt werden. Dass dabei aber synthetische und biogene Substanzen eine bedeutende Rolle spielen werden, ist abzusehen.

---

[4] Biogene Drogen (auch Naturdrogen, Biodrogen oder Eco Drugs genannt) sind Stoffe oder Zubereitungen, die überwiegend aus Pflanzen oder tierischen Organismen gewonnen werden und im Rahmen ihres Konsums eine psychoaktive Wirkungen entfalten.
[5] Es handelt sich nicht um einen Fachbegriff, sondern um einen Szenenamen, der vermutlich aus Gründen der besseren Vermarktung von den Händlern dieser Substanzen geprägt wurde. Legal Highs kommen als *Räuchermischungen, Badesalze* oder *Reiniger* auf den Drogenmarkt, um den eigentlichen Zweck ihres Konsums zu verschleiern und rechtliche Bestimmungen des Betäubungsmittelgesetzes oder des Arzneimittelgesetzes zu umgehen.

Da jede Form des Drogengebrauchs seine Besonderheiten hat, gehen wir im Folgenden erst einmal auf die seelischen und körperlichen Wirkungen sowie die gesundheitlichen Risiken ein. Erwähnt werden dabei immer auch die Formen und Folgen des Mischkonsums.

Beginnen wollen wir mit dem Gebrauch von Cannabis, da keine der gesetzlich verbotenen Substanzen in Deutschland so weit verbreitet ist wie diese Droge. So haben allein 2015 mehr als drei Millionen Menschen im Alter zwischen 18 und 64 Jahren hierzulande Cannabis konsumiert (vgl. Zeit Online 2017). Wie aber wirkt diese Droge überhaupt? Und welche seelischen und gesundheitlichen Risiken sind mit ihrem Konsum verbunden?

3.4 Psychoaktive Substanzen

3.4.1 Cannabis (Haschisch/Marihuana)

Cannabis ist der wissenschaftliche Name einer Pflanzenart der *Gattung Hanf.* Als Rauschmittel wird fast ausschließlich die unbefruchtete weibliche Pflanze verwendet, da ihre Blüten die größte Wirkstoffkonzentration aufweisen.

Die bekanntesten Cannabisprodukte sind *Haschisch* und *Marihuana*. Haschisch ist das aus Pflanzenteilen der weiblichen Hanfpflanze gewonnene und zu Platten oder Blöcken gepresste Harz. Mit Marihuana (auch unter dem Namen *Gras* bekannt) werden die getrockneten Blüten und die blütennahen kleinen Blätter der Pflanze bezeichnet. Beide Produkte enthalten den Wirkstoff Δ-9-Tetrahydrocannabinol (THC), der zu den *psychoaktiven Cannabinoiden* zählt und als den Rausch bewirkende Bestandteil der Hanfpflanze gilt (vgl. Kastenbutt 2010, S. 6ff.).

Cannabis wird mit Tabak vermischt zu Zigaretten gedreht (*Joint*) oder pur in einer speziellen Pfeife (*Haschischpfeife, Bong, Blubber* etc.) geraucht. Die Droge kann auch in Kuchen und Keksen eingebacken oder in Milch aufgelöst getrunken werden. Beim Trinken tritt die Wirkung erst nach ein bis zwei Stunden ein, ist dann allerdings stärker als beim Rauchen und hält dementsprechend länger an. Körperliche Symptome eines solchen Konsums können erhöhter Puls und Herzschlag (Herzrasen), trockener Mund, leichte bis starke Rötung der Augen und Appetitsteigerung (besonders Heißhunger auf Süßes)[6] sein (vgl. Kleiber/Kovar 1997; Koehler 2008).

Cannabiskonsum geht mit einer leichten Euphorie, erhöhter Kommunikationslust, Beeinträchtigung des Kurzzeitgedächtnisses und der Verstärkung akustischer und visueller Empfindungen einher. Je nach Dosis und Dauer des Konsums kommt es zu Antriebs- und Teilnahmslosigkeit. Cannabiskonsumenten mit einem hohen täglichen Gebrauch können auf Dauer lethargisch werden. Bestehen bereits psychische Probleme, können sich diese bei Dauerkonsumenten im Laufe der Zeit noch weiter verstärken (vgl. Geyer/Wurth 2008, S. 33ff.).

Die gesundheitlichen Risiken des Cannabiskonsums sind bislang noch nicht ausreichend erforscht. Bekannt ist aber, dass sie von einer Vielzahl komplexer und zum Teil ineinandergreifender Faktoren und Umstände abhängen (vgl. Kleiber/Kovar 1997; Hurrelmann/Bründel 1997; Farke et al. 2003). Bei der Bindung an die Droge spielen unterschiedliche Faktoren eine Rolle (Kleiber/Soellner 2004, S. 22ff.; Kuntz 2003, S. 79ff.). Dazu gehören ein frühes Einstiegsalter, positive Konsumerfahrungen, dauerhafte und unverarbeitete Konflikte, ein hochfrequenter Konsum und hohe Dosen an THC (vgl. Bonnet 2009, S. 481).

Ein Problem stellt auch der veränderte Wirkstoffgehalt der Cannabisprodukte dar. Enthielten sie Ende der 1990er-Jahre im Durchschnitt noch sechs bis zwanzig Prozent THC, können es heute bereits bis zu 40 Prozent sein (vgl. Hazekamp 2006).

Auch gab es in früheren Zeiten einen stärkeren Gruppenkontakt bezüglich des gemeinschaftlichen Konsums dieser Droge, womit die sog. *Kifferszene*[7] gemeint ist. Heute wird Cannabis dagegen oftmals zurückgezogen in häuslicher Umgebung und weitgehend losgelöst von ursprünglichen rituellen und ideologischen Einbindungen konsumiert. Ein bedrohlicher Trend wird vor allem darin gesehen, dass das Einstiegsalter der Konsumenten immer weiter sinkt, dagegen der Anteil an Behandlungssuchenden in den letzten Jahren stark zugenommen hat.

Zu den Komplikationen des dauerhaften Gebrauchs kann nicht nur die Ausbildung einer seelischen Abhängigkeit gehören, sondern es kann auch zu erhebli-

---

[6] Eine Rolle spielen die sogenannten Endocannabinoide, die auf bestimmte Rezeptoren im Gehirn und die Geschmackszellen der Zunge wirken, die empfindlicher für Süßes wird, während das Empfinden für sauer, salzig und bitter etc. unbeeinflusst bleibt. Daher entwickelt sich bei vielen Kiffern ein Heißhunger auf Süßes.

[7] Das Inhalieren des THC-haltigen Rauches wird in der Umgangssprache als *kiffen* bezeichnet, die Konsumenten als *Kiffer*. Der Begriff wurde im 20. Jahrhundert dem Englischen „kif" entlehnt, der wiederum auf den arabischen Begriff *kaif* (Wohlbefinden) zurückgeht.

chen psychosozialen Folgeschäden kommen, besonders wenn es sich um junge Konsumenten handelt (vgl. Bonnet 2009, S. 480ff.).

Bei einem dauerhaften Cannabiskonsum kann es im Falle des Absetzens zu Schlafstörungen kommen. Diese können sich in Einzelfällen über einen Zeitraum von mehreren Wochen erstrecken und hängen mit dem langsamen körperlichen Abbau des THC und seiner sonstigen Wirkstoffe zusammen, die eine psychisch dämpfende Funktion haben (vgl. Gross 2016, S. 36ff.).

Wechselwirkung mit anderen Drogen

Bei einem Mischkonsum von Cannabis und Alkohol können Übelkeit und Erbrechen, nachlassendes Reaktionsvermögen, Orientierungsprobleme, Halluzinationen, erhöhtes Unfallrisiko, Neigung zur Überdosierung mit Alkohol (Alkoholvergiftung) in Erscheinung treten (vgl. Berger 2004, S. 168)

In Kombination mit Speed, Crystal Meth und Kokain (vgl. dazu auch die Wirkung dieser Substanzen in diesem Buch) besteht ein Risiko zu starken Kreislaufbelastungen. Auch kann es durch den zeitnahen Konsum beider psychoaktiver Substanzen zu Angst- oder Panikattacken kommen.

Der gleichzeitige Konsum von Cannabis und Ecstasy (MDMA) verstärkt die Wirkung beider Drogen. Erfolgt der Gebrauch der Droge über einen längeren Zeitraum, können in der Kombination mit Ecstasy Gedächtnisstörungen auftreten. Auch besteht ein gesundheitliches Risiko zu Kreislaufbelastungen (vgl. Scherbaum 2017, S. 69ff.).

Soweit der gleichzeitige Konsum von Cannabis und Halluzinogenen (z. B. Pilzen oder LSD) erfolgt, kann sich die Wirkung beider Drogen verstärken, so dass Angst- und Verwirrungszustände die Folge sein können (vgl. Mindzone).

Jugendliche greifen zu Cannabis, weil sie meinen, dass ihr Leben mit dem Konsum dieser Droge weniger dramatisch verläuft. Sie konsumieren die Substanz, um mit Situationen besser klarzukommen, die für sie schwer zu ertragen sind, so zum Beispiel, wenn im Elternhaus anhaltende und belastende Probleme auftreten oder sie unter starkem schulischen Leistungsdruck stehen.

Die Gefahr, seelisch abhängig zu werden, besteht bei Heranwachsenden darin, dass sie schon bei geringen Unpässlichkeiten daran denken, einen Joint zu rauchen, um bestehenden Problemen aus dem Weg zu gehen. Nur kann ein solches

Verhalten leicht zur Gewohnheit werden, soweit die Droge täglich konsumiert wird. Manche Jugendliche oder junge Erwachsene leiden zudem unter Ängsten oder depressiven Verstimmungen und haben die Erfahrung gemacht, dass sie diese durch den Gebrauch von Cannabis zeitweise *lindern* können.

Wer jedoch seine Probleme verdrängt und kontinuierliche zum Joint greift, lernt äußerst schlecht, damit konstruktiv umzugehen. Dazu kommt, dass Heranwachsende, die regelmäßig Cannabis konsumieren, in ihrer Konzentrationsfähigkeit deutlich eingeschränkt sind (vgl. Büge 2017, S. 32ff.).

Manche Dauerkiffer greifen darüber hinaus an Wochenenden zur Flasche. Auch kommt es häufig zum Mischkonsum mit anderen Partydrogen. Jugendliche und junge Erwachsene sind in dieser Hinsicht relativ experimentierfreudig und zeigen, was den multiplen Substanzkonsum anbelangt, eine hohe Risikobereitschaft. Dies führt uns zu einer weiteren psychoaktiven Substanz, die unter Drogen konsumierenden Jugendlichen und jungen Erwachsenen ebenfalls sehr beliebt ist.

3.4.2 Amphetamine (Speed/Pep)

Amphetamine sind vollsynthetisch hergestellte Substanzen, die zu der Stoffgruppe der *Phenylethylamine* gehören.[8] Sie zählen zu den *Stimulanzien* und werden auch als *Weckamine* bezeichnet, da sie eine aufputschende bzw. wachmachende Wirkung haben (vgl. Iversen 2008, S. 19ff.). Sie sind rein stimulierend und nicht halluzinogen, wobei Hunger- Durst-, Schmerz- und Schlafbedürfnisse unterdrückt werden. Speed erhöht die Konzentrations- und Leistungsfähigkeit und trägt zu euphorischen Gefühlen, Bewegungsdrang und Mitteilsamkeit bei. Übermäßig aktiviert wird dabei der Sympathikus als Teil des vegetativen Nervensystems (vgl. Cousto 2016, S. 31ff.).[9] Dadurch werden organische Funktionen innerviert, die den Körper in eine erhöhte Leistungsbereitschaft versetzen (vgl. (Fuente-Briones 2012). Unter dem Einfluss der Droge fühlen sich die Konsumenten wacher, zeigen ein verringertes Schlafbedürfnis und eine höhere körperliche und geistiger Ausdauer. Da Amphetamine in hohen Dosen genommen euphorisierend wirken, sind sie in der Drogenszene sehr beliebt.

---

[8] Viele Phenylethylamine besitzen eine weite Verbreitung in der Natur (z. B. das Dopamin), während andere künstlichen Ursprungs sind (z. B. Amphetamine).
[9] Der Sympathikus erhöht die nach außen gerichtete Aktionsfähigkeit bei tatsächlicher oder gefühlter Belastung.

Sie gehören daher zu den gefragtesten synthetischen Drogen und werden meist als weißes oder gelbliches Pulver auf dem Schwarzmarkt gehandelt. Es gibt sie aber auch als Paste, seltener jedoch in Tablettenform oder in Kapseln bzw. Dragees. Amphetamine werden oral eingenommen.

Das Einsetzen der Drogenwirkung schwankt zwischen wenigen Minuten und einer halben Stunde und hängt von der jeweiligen Konsumform (Menge und Inhaltsstoffe der Substanz) sowie der seelisch-körperlichen Verfassung des Konsumenten ab. Die Wirkung kann insgesamt zwischen 8 und 12 Stunden andauern (vgl. Wirth 2001).

Zu den psychischen und gesundheitlichen Risiken des Amphetaminkonsums zählen Gereiztheit, Nervosität, Muskelkrämpfe, gesteigerter Bluthochdruck und Puls sowie eine erhöhte Atemfrequenz (Herzrasen). Darüber hinaus kann es zu Magenbeschwerden, Schlafstörungen und Erschöpfungszuständen kommen (vgl. Daumann/ Gouzoulis-Mayfrank 2015, S. 64ff.). Bei einer Toleranzentwicklung wird die Amphetamindosis schrittweise erhöht. Dennoch entsteht keine körperliche Abhängigkeit. Äußerst risikoreich ist jedoch die seelische Gewöhnung an die Droge, die umso größer ist, je stärker ein unstillbares Verlangen nach dem erlebten Substanzeffekt besteht.

Wechselwirkung mit anderen Drogen

Beim gleichzeitigen Konsum von Alkohol und Speed wird die Wirkung des Alkohols meistens nur eingeschränkt wahrgenommen. Das Gefühl scheinbarer Nüchternheit kann daher täuschend sein, so dass es zur Verminderung des Reaktionsvermögens und im Gefolge dessen zu Unfällen kommen kann (vgl. Cousto 2016, S. 140ff.).

Speed als Aufputschmittel kann die Wirkung des Cannabisrausches verlängern. Auch wird Cannabis oftmals eingesetzt, um den Bewegungsdrang, der unter Einfluss des Amphetamins entsteht, zu reduzieren. In der Kombination beider Substanzen besteht ein erhöhtes Risiko zu Kreislaufbelastungen. Des Weiteren können sich Angst- und Panikattacken entwickeln (vgl. Drug Scouts).

Der parallele Konsum von Ecstasy und Speed erscheint erst einmal widersprüchlich, da Speed die Wirkung des MDMA verringert, was dazu führen kann, dass mehr Ecstasy nachgelegt wird. Da jedoch beide Substanzen stimulierend wirken, kann es zu Herz-Kreislauf-Problemen kommen. Außerdem besteht bei zu geringer Flüssigkeitszufuhr die Gefahr einer Überwärmung des Körpers (*Hyperthermie*) (vgl. Cousto 2016, S. 125f.).

Beim zeitnahen Gebrauch von Speed und Crystal Meth kommt es zu einer erhöhten Dopaminkonzentration im Gehirn. Bei einer zu starken körperlichen Überhitzung drohen auch hier Herz-Kreislauf-Beschwerden (vgl. Barsch 2014, S. 45ff.).

Werden Speed und Kokain gleichzeitig konsumiert, entstehen auch hier hohe Dopaminkonzentrationen im Gehirn. Als Folge eines solchen Konsums können Hektik, Gereiztheit, Überspanntheit, Ungeduld, Zittern, starker Anstieg des Blutdrucks und Herzrasen auftreten (vgl. Freye 2014, S. 66).

Die nächste Droge, um die es geht, wird heute zwar den sog. *Designerdrogen* zugeordnet, obwohl das *MDMA* (der Inhaltsstoff des Ecstasys) schon Anfang des 20. Jahrhunderts bekannt war. Nur hatte es in dieser Zeit eine völlig andere Funktion, denn es wurde in der medizinischen Forschung im Rahmen der Suche nach blutstillenden Medikamenten genutzt, aber nie als Arzneimittel vermarktet.

Erst Ende der 1970-Jahre entdeckten Forscher in den USA die psychoaktive Wirkung dieser Substanz, die als stimmungsaufhellend und kommunikationsaktivierend gilt. Warum sie ins Zeitgeschehen einer weitgehend individualisierten Gesellschaft passt, deren Alltag vielfach von sozialer Entfremdung, Anonymität und Einsamkeit gekennzeichnet ist, wird im Folgenden näher erklärt.

3.4.3 Ecstasy (MDMA)

Es handelt sich um eine psychoaktive Substanz, die nur strukturell zur Gruppe der Amphetamine zählt und somit als eigene psychoaktive Substanz zu werten ist. Ecstasy wird als weißes kristallines Pulver in Kapseln oder in Form runder oder flacher Tabletten mit unterschiedlichen Prägemotiven (z.B. Kleeblatt, Smiley, Flugzeug etc.) konsumiert und erzeugt durch das MDMA[10] einen euphorischen Zustand. Die Droge wirkt auf das Zentralnervensystem als sog. *Releaser* (Ausschütter) und trägt zur Erhöhung des Serotonin-, Noradrenalin- und in schwächerer Form Dopaminspiegels bei. Durch das Pushen der Neurotransmit-

---

[10] MDMA meint die chemische Verbindung 3,4-Methylendioxy-N-methylamphetamin, die unter dem Begriff *Ecstasy* weitaus bekannter ist. Ecstasy ist jedoch ein Sammelbegriff für verschiedene Substanzen mit einer ähnlich chemischen Struktur und Wirkung. So gibt es neben MDMA noch chemisch artverwandte Substanzen wie MDA, MDE, MDEA und MBDB, die aber alle unter den Oberbegriff *Ecstasy* fallen.

ter erleben Ecstasy-Konsumenten mehr innere Gelassenheit, Zufriedenheit und Glücksgefühle (vgl. Gouzoulis-Mayfrank, S. 499ff.).

Soweit es sich um reines MDMA handelt, kommt es nicht zu Halluzinationen. Allerdings können durch die Beimischung anderer Substanzen negative Effekte in Erscheinung treten. Dies ist zum Beispiel der Fall, wenn LSD (ein Halluzinogen) zugefügt wird, wobei Wahrnehmungs- und Verwirrtheitszustände auftreten können (vgl. Freye 2014, S. 82ff.). Durch das beigemengte LSD kann der Rausch äußerst intensiv sein. Haben die Konsumenten noch keine Erfahrungen mit dem Konsum von LSD gesammelt, besteht die Gefahr, dass der Rausch zum Horrortrip[11] wird.

Kommen wir aber zum Konsum reinen Ecstasys (MDMA) zurück, dessen Wirkung meist eine halbe Stunde bis anderthalb Stunden nach der oralen Einnahme einsetzt und mit einem langsamen Anstieg von Fröhlichkeit, Heiterkeit und Ausgelassenheit beginnt. Negative Begleiterscheinungen können Brechreiz oder leichte Übelkeit sein.

Nach ungefähr einer Stunde kommt es zu starken Veränderungen der Gefühlswahrnehmung (vgl. Daumann/Gouzoulis-Mayfrank. 2015, S. 65f.) Das heißt, sowohl die eigene Liebe, Zuneigung und Glück werden verstärkt wahrgenommen, aber auch die Zuneigung zu anderen Menschen (vgl. Wirth 2001). Es entwickeln sich euphorische Gefühle, die sich bis zur Ekstase steigern können (daher auch der Name *Ecstasy*). Die Wirkung der Droge kann insgesamt 3 bis 4 Stunden anhalten.

Die meisten Ecstasy-Konsumenten können den *Trip* gut steuern und beenden ihn oftmals mit etwas Cannabis, was in der Drogenszene als *chillen* (entspannen, abhängen) bezeichnet wird. Manche Konsumenten haben jedoch Probleme mit dem *Runterkommen* und stürzen dabei in ein tiefes Loch. Sie fühlen sich dann ziemlich *down* und vermissen die Euphorie, die noch vor kurzer Zeit vorgeherrscht hat. Nach dem Abklingen der ekstatischen Wirkung kann es durch die Senkung des Serotoninspiegels zu starken seelischen Verstimmungen mit tiefer Traurigkeit und innerer Leere kommen (vgl. Berger 2004, S. 166).

---

[11] Als *Horrortrip* wird ein akuter Rausch bezeichnet, der negativ erlebt wird und mit starken Angstzuständen einhergehen kann.

Auch wenn der Konsum von Ecstasy nicht körperlich abhängig macht, so kann sich dennoch eine psychische Abhängigkeit entwickeln (vgl. Iversen 2008, S. 163ff.).

Im Rahmen des Konsums dieser Substanz bestehen jedoch etliche gesundheitliche Risiken, die nicht außer Acht gelassen werden dürfen. Dies betrifft vor allem jene Gesundheitsstörungen, denen besonders Frauen ausgesetzt sind. Da der weibliche Körper den Wärmehaushalt über Flüssigkeitsabgabe allgemein schlechter reguliert als der männliche, besteht beim Konsum von Ecstasy die Gefahr einer lebensbedrohlichen Überhitzung, die u. a. durch eine zu hohe MDMA Konzentrationen im Blut ausgelöst wird. Frauen tragen demnach ein zwei- bis dreimal höheres Risiko als männliche Konsumenten, unter dem Einfluss von Ecstasy notbehandelt zu werden. Zur körperlichen Überhitzung und Dehydration kommt es aber nicht allein durch das MDMA, sondern auch durch stundenlanges Tanzen in Discotheken bei nicht ausreichender Flüssigkeitszufuhr (alkoholfreie Getränke).

Dazu kommt, dass die gegenwärtigen Ecstasy-Pillen zum überwiegenden Teil zu hoch dosiert sind und mehr als das Dreifache der von Suchtexperten als verträglich eingestuften MDMA-Menge enthalten. Die Dosis liegt heute im Durchschnitt bei 70 bis 120 mg MDMA. Frühere Ecstasy-Pillen wiesen dagegen nur eine Menge von 50 bis maximal 80 mg auf. Heute kann Ecstasy jedoch Mengen bis zu 400 mg MDMA enthalten (vgl. Global Drug Survey 2016). Aufgrund des hohen Mengenanteils ist es in einigen europäischen Ländern in den letzten Jahren immer wieder zu Todesfällen gekommen, verursacht durch Hyperthermie, Herzflimmern und Kreislaufversagen bei ungenügender Flüssigkeitszufuhr.

Wechselwirkung mit anderen Drogen

Viele der Ecstasy-Konsumenten trinken zusätzlich noch Alkohol, ohne zu wissen, dass dies zu einer noch rascheren Überhitzung des Körpers und zu Kreislaufproblemen führen kann. Auch kann sich unter Alkoholeinfluss die Wirkung der Droge verstärken, so dass den Konsumenten das Herunterkommen von der Droge besonders schwer fällt (vgl. Daumann/Gouzoulis-Mayfrank, S. 46f.).

Wenn Ecstasy zusammen mit Kokain konsumiert wird, kommt es zu einer starken Aufhebung der MDMA-Wirkung. Da Kokain ein starkes Stimulans und Betäubungsmittel ist und MDMA die Wahrnehmung positiver Gefühle steigert, kann es durch den parallelen Konsum beider Drogen zu überschießenden psychischen Reaktionen kommen, die mit innerer Zerrissenheit und Ziellosigkeit einhergehen (Freye 2014, S.73).

Auch der kombinierte Konsum von Heroin und MDMA ist äußerst gesundheitsriskant, was zu starken Belastungen des Herz-Kreislauf-Systems führen kann (vgl. Drug Scouts).

Um den Konsum solcher Drogen wie Ecstasy zu verstehen, macht es Sinn sich in der Suchtselbsthilfe näher mit den *Lebensstilen* und *Lebensweisen* von Jugendlichen und jungen Erwachsenen zu beschäftigen. Auch sollte danach gefragt werden, warum gerade synthetische Drogen in der jungen Generation so begehrt sind. Ein Beispiel dafür ist auch der zunehmende Konsum der Droge *Crystal Meth*, um die es im Folgenden geht.

3.4.4 Crystal Meth (Methamphetamin)

Methamphetamin gehört zur Substanzklasse der *Amphetamine*, zu denen eine Reihe weiterer psychoaktiver Substanzen zählen und von denen das in der Natur vorkommende *Ephedrin* wohl am bekanntesten ist. Es handelt sich um ein *potentes Stimulans* und *indirektes Sympathomimetikum*, das die sympathischen Teile des vegetativen Nervensystems anregt. In der Pharmazie wird die psychoaktive Substanz als Arzneistoff genutzt, in der Drogenszene hingegen als *euphorisierendes* und *stimulierendes Mittel* konsumiert (vgl. Kuntz 2016, S. 130ff.).

Methamphetamin wurde 1938 unter dem Namen *Pervitin* von den Temmler-Werken (Berlin) in den Handel gebracht, die diese Marke bis 2015 hielten. Im Zweiten Weltkrieg diente es unter den Spitznamen *Panzerschokolade, Stuka-Tabletten* und *Hermann-Göring-Pillen* als Mittel zur Dämpfung von Angstgefühlen und zur Steigerung der Leistungs- und Konzentrationsfähigkeit bei Wehrmachtsoldaten, Fahrzeugführern und Piloten. Es heißt, dass die Wehrmacht und die Luftwaffe allein in der Zeit von April bis Juni 1940 mehr als 35 Millionen dieser Stimulantien bezogen haben (vgl. Eggers 2006, S. 15; Härtel-Petri/Haupt 2014, S. 19ff.; Pieper 2016, S. 115ff.).

Umgangssprachlich bezeichnet man das Methamphetamin heute auch als *Crystal Meth* oder einfach *Crystal*[12], da die Substanz eine pulverförmige bis leicht kristalline Substanz aufweist. Der Unterschied zum damaligen Pervitin besteht darin, dass die Wirkung von Crystal Meth um ein vielfaches stärker ist.

---

[12] Englisches Wort für Kristall.

Die kristallinförmige Substanz wird überwiegend geschnupft, teilweise geraucht und in Wasser aufgelöst, aber zum Teil auch intravenös injiziert. Die Wirkung stellt sich nach ca. fünf Minuten (Schnupfen) bis zu 30 Minuten (orale Einnahme) ein. Beim oralen Gebrauch berichten Konsumenten von einem *milder* einsetzenden Rausch. Der Gebrauch der Droge bewirkt die Freisetzung körpereigener Botenstoffe (u. a. Noradrenalin [13]). Die Wirkungsdauer kann je nach Substanzstärke zwischen vier und elf Stunden variieren und durch das Nachlegen weiterer Dosen verlängert werden (vgl. Tretter 2016, S. 201ff.).

Typisch ist eine starke Euphorie, die das Schlafbedürfnis verringert, die Leistungsfähigkeit und das Mitteilungsbedürfnis steigert. Dies ist ein wichtiger Aspekt, der den Konsum von Crystal Meth so verführerisch, aber eben auch gefährlich macht (vgl. Stöver et al. 2017). Nach den Hochgefühlen kommt es zu Erschöpfungszuständen, die vielfach von Lethargie begleitet werden (vgl. Barsch 2014, S. 70ff.). Trotz Müdigkeit stellt sich oftmals eine quälende Schlaflosigkeit ein (Dauer/Gouzoulis-Mayfrank 2015, S. 32ff.). Solche Schlafdefizite nehmen Psyche und Körper aber nicht ungestraft hin. So verwundert es nicht, dass Crystal-Konsumenten auf Dauer emotional labil, hektisch und leicht reizbar werden und unter Stimmungsschwankungen leiden.

Gesundheitlichen Risiken zeigen sich vor allem in Form von Zahnausfall (sog. *Meth-Mund*), Hautreizungen, Herz-Kreislaufstörungen und Muskelkrämpfen. Da das Abhängigkeitspotenzial der Droge hoch ist, kommt es relativ rasch zur *psychischen Abhängigkeit*. Dies gilt besonders für Konsumformen der Inhalation und Injektion und die damit verbundene *drogenspezifische Anflutgeschwindigkeit*[14]. Das Eigenschädigungspotential ist im Vergleich mit anderen psychoaktiven Substanzen sehr hoch. Die gesundheitlichen Folgen eines exzessiven Konsums sind daher als äußerst gesundheitsriskant zu betrachten (vgl. Freye 2014, S. 73ff.).

Wechselwirkung mit anderen Drogen

Beim gleichzeitigen Konsum von Crystal Meth und Alkohol kann es zu ernsthaften Herz-Kreislauf-Belastungen und psychischen Störungen kommen (u. a. zu Angst- und Panikattacken). Da die berauschende Wirkung des Alkohols unter

---

[13] Bei Noradrenalin handelt es sich um einen körpereigenen Botenstoff, der als Stresshormon und Neurotransmitter wirkt. Die Substanz ist eng mit dem uns bekannten Adrenalin verwandt, das zur Engstellung der Gefäße und zur Blutdrucksteigerung beiträgt.
[14] Der Begriff beschreibt die Dauer vom Zuführen einer psychoaktiven Substanz bis zu deren Wirkungseintritt. Dies hängt u. a. mit dem Kick, dem Suchtpotential und der Toxizität der Droge zusammen.

dem Einfluss des Methampetamins nur geringfügig spürbar ist, besteht das Risiko einer Alkoholvergiftung. Des Weiteren kann es zu Unfällen kommen, da das Reaktionsvermögen der Konsumenten durch die Alkoholwirkung eingeschränkt ist (vgl. Cousto 2016, S. 140).

Der gleichzeitige Konsum von Crystal Meth und Ecstasy führt zu einer Minderung der Ecstasy-Wirkung. Soweit Ecstasy nachgelegt wird, besteht die Gefahr einer Überdosierung mit MDMA. Zwar bleibt die stimulierende Wirkung beider Substanzen erhalten, kann aber zu starken Belastungen des Herz-Kreislaufsystems führen. Kommt es zum Verlust von Körperflüssigkeit, können Überhitzung und Kreislaufprobleme die Folge sein (vgl. Hermle 2008, S. 490ff. Daumann/Gouzoulis-Mayfrank 2015, 64ff.).

In den Selbsthilfegruppen könnte darüber diskutiert werden, was Jugendliche und junge Erwachsene in das Schattenreich dieser Droge treibt. Oder liegt dieses Reich schon gar nicht mehr im Schatten? Ragt es vielleicht schon weit in die gesellschaftliche Mitte hinein? Was macht Crystal Meth daher so attraktiv, wo doch der Gebrauch dieser Substanz bekanntlich mit vielschichtigen Risiken verbunden ist?

Auch die nächste Droge, um die es geht, ist ein starkes Stimulans und Betäubungsmittel. Als Rauschmittel verfügt sie über ein hohes psychisches, jedoch kein physisches Abhängigkeitspotenzial. Die Rede ist von Kokain, das mit Hilfe verschiedener chemischer Prozesse aus den Blättern des Kokastrauches (*Erythroxylon coca)* gewonnen wird.

3.4.5 Kokain

Die weiße und pulverförmige Substanz wird hauptsächlich geschnieft, geraucht, aber auch intravenös injiziert (Lessmann 2001). Wird Kokain geraucht oder intravenös gespritzt, setzt die Wirkung bereits nach wenigen Sekunden ein (vgl. Köhler 2008, S. 43ff.). Beim Schnupfen, der häufigsten Art des Konsums, dauert es mit den ersten Wirkungseffekten ein wenig länger. Nach ca. 30 bis 60 Minuten wird die höchste Konzentration im Blut erreicht (vgl. Rätsch 2003, S. 129f.).

Kokain ist ein Aufputschmittel, das euphorisch macht und den Konsumenten das Gefühl gibt, überaus dynamisch, kreativ und leistungsfähig zu sein. Hinzu kommen Appetitverlust und eine kurzfristige Förderung der Konzentrationsfähigkeit. Bereits in kleinen Mengen wirkt die Droge nicht nur seelisch, sondern auch körperlich ausgesprochen stark (vgl. Wiesbeck 2017). Dabei kommt es zu einer Erregung des zentralen Nervensystems, einem starken Bewegungs- und Rededrang (Überaktivität) und zu euphorischen Gefühlen mit übersteigertem Kontaktbedürfnis (vgl. (vgl. Täschner/Richtberg 1988, S. 88, Gross 2016, 41f.).

Unterschieden werden muss zwischen einem episodischen und chronischen Kokaingebrauch. Beim episodischen Konsum wird eine bestimmte Menge des Stoffes so lange eingenommen, bis sie aufgebraucht oder der Konsument erschöpft ist. Danach tritt eine Konsumpause ein, die sich über einige Tage oder auch Wochen erstrecken kann. Im Anschluss daran wird der exzessive Konsum vielfach im gleichen Rhythmus fortgesetzt (vgl. Springer 1999).

Beim chronischen Konsum wird Kokain fast täglich eingesetzt, wobei es zu einer raschen psychischen Abhängigkeit kommt und sich auch schneller gesundheitliche Probleme einstellen. Durch die wachsende Toleranz gegenüber der Droge werden immer höhere Dosen Kokain benötigt, um den gewünschten *Kick* zu erzielen, auch wenn das nächste Tief bereits vorprogrammiert ist. Dabei nimmt der Konsum immer zwanghaftere Formen an (vgl. Gross 2016, S. 23).

Durch das Schnupfen der Droge werden Nasenschleimhaut und Nasenscheidewand stark in Mitleidenschaft gezogen, so dass eine Anfälligkeit zu Nasenbluten besteht. Auch kann es beim Dauerkonsum zur Beeinträchtigung bis hin zum Verlust des Geruchssinns kommen. Chronische Entzündungen und die Durchlöcherung der Nasenscheidewand sind oft Folge eines abhängigen Kokainkonsums.

Zu den Akut- und Langzeitfolgen des Kokainkonsums können Atemnot, Herzrhythmusstörungen und Erschöpfungszustände gehören. Psychische Reaktionen sind oft Misstrauen, Verzweiflung und Überaktivität, Angst und paranoide Wahnvorstellungen, Schlafstörungen und Impotenz sowie eine Abstumpfung der Gefühlswelt. Wer Kokain konsumiert, riskiert sehr schnell süchtig zu werden und setzt bewusst seine Gesundheit aufs Spiel. Da nie exakt abgeschätzt werden kann, wie hoch der Anteil reinen Kokains ist, das man gerade zu sich nimmt, kann es zu einer Überdosierung mit gravierenden gesundheitlichen Folgen kommen (vgl. Schweer/Strasser 1994, S. 41ff.).

Wechselwirkung mit anderen Drogen

Zu den rauchbaren Formen des Kokains gehören *Crack*, eine Mischung aus Kokainsalz und Natriumhydrogencarbonat, und *Freebase*, eine nicht wasserlösliche Kokainbase (vgl. Schweer/Strasser 1994, S. 114ff.). Die Wirkung dieser Substanzen ist um einiges stärker als Kokain. Bei Crack besteht die Neigung zur Selbstüberschätzung, was sich bis zum Größenwahn steigern kann. Crack hat neben Heroin ein hohes Suchtpotenzial, so dass sich eine extreme Konsumdynamik (*Craving*) entwickeln kann (vgl. Stöver/ Prinzleve 2004; Hößelbarth 2014, S. 24ff.).

Wird zusätzlich noch Alkohol konsumiert, wird dessen rauschhafte Wirkung weniger stark wahrgenommen, so dass die Gefahr einer Alkoholvergiftung besteht. Bei einem dauerhaft hochdosierten Mischkonsum von Alkohol und Crack droht emotionale Verhärtung (vgl. Eve & Rave 2003). Dies führt uns zu der nächsten Droge, die vielen Leserinnen und Lesern durch das Buch und den Film *Die Kinder vom Bahnhof Zoo* bekannt sein dürfte.

3.4.6 Heroin

Heroin ist ein halbsynthetisches und stark analgetisches Opioid mit einem äußerst hohen Suchtpotenzial. Es handelt sich dabei ursprünglich um einen Warennamen für Diacetylmorphin (Diamorphin), das die Firma Bayer ab 1898 als gut verträgliches, aber angeblich nicht süchtig machendes *Schmerz- und Hustenmittel* mit einer deutlich stärkeren Wirkung als *Morphin* auf den Markt brachte. Erst 1904 erkannte man, dass der Gebrauch dieses *Arzneimittels* zu einer starken Abhängigkeit führt. So nahm Bayer dann auch 1904 das Heroin wieder vom Markt. Bei der Namensgebung dieses Opioids spielte der englische Begriff *Hero* (Held) eine bedeutende Rolle. Mit dem Namen *Heroin* (abgeleitet von *Heroine* für *Heldin*) sollte die starke Wirkung des Mittels charakterisiert werden (vgl. Roth 2013, S. 88).

Kommen wir aber zum heutigen Gebrauch von Heroin zurück. Die Droge wird geschnupft, geraucht oder durch Erhitzung in verflüssigter Form intravenös injiziert. Aufgrund der schnellen Toleranzentwicklung stellen viele Konsumenten nach anfänglichem Schnupfen oder Rauchen auf intravenöse Injektion um, da von dieser Methode des Gebrauchs die stärkste Wirkung ausgeht. Bei regelmäßigem intravenösem Konsum entwickelt sich eine körperliche Toleranz, so dass auf Dauer immer mehr Stoff benötigt wird (vgl. Täschner/Wiesbeck 1991; de Ridder 2000).

Wird Heroin intravenös injiziert, kommt es durch den plötzlichen Wirkungseintritt zu einem überwältigenden *Euphorie-Gefühl*. Durch die im Anschluss aufkommende gleichgültige und verträumte Stimmung werden Schwierigkeiten und Konflikte zeitweise ausgeblendet. Die Konsumenten haben dann das Gefühl, über ihren alltäglichen Problemen zu stehen. Nach ca. 5 bis 8 Stunden lässt die Wirkung der Droge langsam nach. Das Nachlassen hängt aber von der Zusammensetzung der im *Straßenheroin* enthaltenen Stoffe bzw. dem Reinheitsgehalt der Substanz ab (vgl. Schröder 1993). Eine weitere Rolle spielen die psychische und körperliche Konstitution der User und ihre Konsumgewohnheiten.

Nach einer höheren Toleranzentwicklung verschwinden die positiven Gefühle, die bisher mit dem Konsum verbunden waren. Die Droge dient ab diesem Zeitpunkt oftmals nur noch dazu, auftretende Entzugserscheinungen zu mildern (vgl. Beubler 2006, S. 52ff.; Haas 2006, S. 17ff.).

In vielen Fällen kann der Konsum von Heroin schon nach kurzer Zeit zur körperlichen Abhängigkeit führen, was seinem starken Suchtpotenzial geschuldet ist. Das Verlangen nach der Droge wird daher im Laufe der Zeit immer mehr als Zwang erlebt (vgl. Wolke/Cherniak 1997). Wird Heroin nicht kontinuierlich zugeführt, kommt es relativ rasch zu Entzugserscheinungen, die folgende Symptome aufweisen können: innere Unruhe, Reizbarkeit, Angst, Kreislaufstörungen, Muskelschmerzen, Tränenfluss, Schweißausbrüche, Sekretion der Nasenschleimhäute, Müdigkeit und Depressionen. Ein weiteres Kennzeichen sind geweitete Pupillen, Frösteln und extreme Gänsehaut (man spricht hier auch vom sog. *Turkey-Effekt*[15]). Wird die Substanz mehrere Tage nicht konsumiert, kommt es zu einer starken Ruhelosigkeit bis hin zu Todesangst. Des Weiteren können Durchfall, Übelkeit und Erbrechen, Zittern, Muskelkrämpfe, ein rasender Puls und hoher Blutdruck als Begleiterscheinungen auftreten (vgl. Berger 2004, S. 93ff.; Bastigkeit 2013, S. 48ff.).

Da Heroin vielfach gestreckt wird, ist seine Wirkung schlecht abschätzbar. So können über 50 mg Heroin für Erstkonsumenten bereits eine lebensgefährliche Dosis sein. Abhängige Konsumenten benötigen dagegen eine weitaus höhere Dosierung. Das Problem besteht darin, dass Straßenheroin oftmals mit Backpul-

---

[15] Der Begriff *Turkey* (aus dem Englischen übersetzt = Truthahn) ist eine Scene-Bezeichnung für Entzugssymptome, die mit starkem Frieren (Gänsehaut, daher der Name), erkältungsähnliche Symptome und Zittern einhergehen.

ver, Feinzucker oder Mörtelstaub sowie anderen Mitteln gestreckt wird. Daher wissen selbst erfahrene User nie genau, wie hoch der Reinheitsgehalt der Substanz ist, die sie da gerade konsumieren (vgl. Scherbaum 2016, S. 91ff.).

Da Heroin relativ teuer ist, können Abhängige leicht in den Sog der *Beschaffungskriminalität* geraten, was sie immer weiter ins gesellschaftliche Abseits und in die Spirale der Sucht treibt. Der schleichende Suchtdruck, die stärker werdenden Entzugserscheinungen, die Illegalität der Beschaffung und die Notwendigkeit des finanziellen Aufwandes führen besonders bei jungen Heroinabhängigen zu einer massiven psychischen Überforderung. Viele von ihnen suchen dann oftmals erst Hilfe, wenn sie durch die sozialen, psychischen und gesundheitlichen Folgen ihrer Sucht stark überfordert sind und ihr Leidensdruck dramatisch anwächst (vgl. Steinberger 2006, S. 47).

Wechselwirkungen mit anderen Drogen

Der Mischkonsum von Heroin und Alkohol ist grundsätzlich bedenklich und kann sogar lebensgefährlich sein, denn die Risiken und Wechselwirkungen beider Drogen lassen sich schlecht abschätzen. Mehrfachkonsumenten gehen daher ein unkalkulierbares Risiko ein. So kann es beim Konsum von Heroin und durch parallelen Alkoholkonsum zu einer Potenzierung von Nebenwirkungen kommen (vgl. Poehlke/Heinz/Stöver 2016, S.29f.). Soweit übermäßig viel Alkohol getrunken oder die Heroindosis erhöht wird, kann sich ein komatöser Zustand einstellen, der lebensbedrohlich ist (vgl. Darke 2016, S. 97ff.). Alkohol hemmt im zentralen Nervensystem die Reizübertragung, also auch die Reize, die den Atemreflex auslösen. Wird nun Heroin mit Alkohol kombiniert, wirkt sich die hemmende Wirkung des Alkohols auf das Gehirn aus und die hemmende Wirkung des Heroins auf den Atemreflex. Auf diese Weise kann es zu einer doppelten Hemmung des Atemreflexes kommen, was einen plötzlichen Atemstillstand mit Todesfolge nicht ausschließt.

Es gibt jedoch noch eine weitere Drogenkombination, die ebenfalls äußerst gesundheitsriskant ist. So stellt der Konsum von Heroin und Kokain eine hochbrisante Drogenmischung dar, die auch unter dem Namen *Speedball* (Geschwindigkeitsball) bekannt ist. Die Mischsubstanz wird entweder intravenös injiziert oder mit Hilfe eines Röhrchens geschnupft. Die stark aufputschende Wirkung des Kokains tritt zuerst in Erscheinung und wird durch intensive euphorische Gefühle ergänzt, die das Heroin erzeugt. Angstzustände, die beim Konsum von Kokain auftreten, werden durch die Wirkung des Heroins erst einmal abgeschwächt. Wird eine der Drogen jedoch nachgelegt, kann es relativ rasch zu einer Überdosierung kommen (vgl. Bastigkeit 2013, S. 78; Freye 2014, S. 48f.).

Heroin hat seit Jahren einen stabilen Konsumentenkreis, wozu u. a. User gehören, die mit der Droge bereits in den 1980er-Jahren zum ersten Mal in Berührung kamen. Damals war Heroin in der Drogenszene in Mode. Heutzutage steigen jedoch in Deutschland immer weniger junge Menschen aufgrund des hohen Suchtpotenzials in einen solchen Konsum ein.

Dagegen erreichen uns aus den USA andere Meldungen, denn dort hat der Heroinkonsum in den letzten Jahren stark zugenommen. Dies liegt u. a. daran, dass die dort von der Pharmaindustrie als Schmerzmittel gepushten Opioide über missbräuchliche Verschreibungspraktiken zur Einstiegsdroge für Heroin geworden sind. Immer mehr Menschen steigen daher in den USA auf Heroin um, weil es ähnlich wirkt, aber deutlich billiger als das Schmerzmittel ist (vgl. Sobisch 2017).

Es darf in diesem Zusammenhang dennoch nicht verkannt werden, dass trotz rückläufigem Heroinkonsums die Zahl der Abhängigen in Deutschland noch immer recht hoch ist. Sie bewegt sich nach Schätzungen von Suchtexperten zwischen 150.000 und 200.000 Betroffenen.

3.4.7 LSD (Lysergsäurediäthylamid)

LSD ist eine halluzinogene Substanz, die das Zeitempfinden der Konsumenten stark verändert und Umgebungsereignisse deutlicher hervortreten lässt. Gegenstände im Raum werden plastischer empfunden und wie in Bewegung befindlich erlebt. In vielen Erfahrungsberichten wird ein kaleidoskopartiges Farbenspiel beschrieben, das die Konsumenten bei geschlossenen Augen wahrnehmen. Das Ich und der persönliche Wille scheinen unter LSD-Einfluss weitgehend zu verschwinden. So werden zum Beispiel Töne in Form unterschiedlicher Muster und Farbspiele wahrgenommen, wobei Farben *geschmeckt* oder *gerochen* werden (vgl. Schmidbauer/vom Scheidt 1989, S. 223ff.)

In den meisten Fällen sind sich die Konsumenten der Unwirklichkeit ihrer Erlebnisse bewusst. Daher wäre es besser, man würde hier von einer *Pseudo-Halluzination* sprechen, die sich von einer echten stark unterscheidet. Dies lässt sich damit begründen, dass eine echte Halluzination für den Halluzinierenden per definitionem Realitätscharakter hat. Bei einer Pseudo-Halluzination hingegen merkt die betreffende Person, dass es sich nicht um eine reale Wahrnehmung handelt (vgl. Kasten 2008).

Beim Konsum von LSD besteht die Gefahr eines wiederkehrenden Rauschzustands noch nach Monaten oder Jahren. Da die Droge schon lange Zeit nicht mehr konsumiert wurde, kann ein solch plötzlich einsetzender Zustand für die Betroffenen leicht zum Horrortrip werden (vgl. Gross 2016, S. 39). Man spricht hier auch von *persistierenden Wahrnehmungsstörungen*, womit die erwähnten Pseudo-Halluzinationen gemeint sind (vgl. Lerner/Gehlkopf 2000, S. 35ff.) Damit einher gehen Störungen des Gefühlserlebens, der Verlust oder die Veränderung des natürlichen Persönlichkeitsgefühls und eine verfremdete Wahrnehmung der Umwelt. Des Weiteren kann es zu Gedächtnisstörungen und zur Niedergeschlagenheit kommen (vgl. Wellemann/Sauer 2001; S. 38ff.; Berger 2004, S. 80ff.).

Äußerst risikoreich kann der Gebrauch von LSD für diejenigen Konsumenten sein, die empfindlich auf geringfügige Reize und Schwankungen ihrer Grundstimmung reagieren (vgl. Schmidbauer/vom Scheidt 1989, S. 243ff; Scherbaum 2017, S. 125ff.). Je nach Dosierung sind die körperlichen und seelischen Effekte, die mit dem LSD-Konsum verbunden sind, jedoch sehr unterschiedlich. Bei relativ geringer Dosierung sind nur leichte Rauscheffekte zu erwarten. Äußerst intensiv kann das psychedelische Erlebnis aber werden, wenn zwischen 300 bis 500 µg der Substanz konsumiert werden, wobei mittlere bis starke Halluzinationen zu erwarten sind.

Das Rauscherleben stellt sich damit sehr unterschiedlich dar, denn es ist abhängig vom seelischen Zustand und vom Umfeld, in dem sich die Konsumenten bewegen. Eine zentrale Rolle spielen die Dosis bzw. der Wirkstoffgehalt der Droge und der Gewöhnungseffekt. Primäre Anzeichen eines solchen Rausches, der sich nach etwa 20 Minuten bis zu einer Stunde einstellt, können ein mulmiges Gefühl in der Magengegend, Kribbeln auf der Haut, Schwindelgefühl und innere Unruhe sein. Es kommt zu einem Anstieg des Blutdrucks und der Pulsfrequenz, zu einer schnelleren Atmung und zu einer Erhöhung der Körpertemperatur, wobei sich der volle Rausch nach ca. 1 bis 2 Stunden entfaltet. Auch kann es zu einer angstvollen Ich-Auflösung kommen, was als *bad trip* bezeichnet wird und sich wie folgt äußerst: „Gefühl, bedroht zu sein; Angst, nicht mehr runterzukommen; Gefühl, eine fremdbestimmte Marionette zu sein; verzerrte und verfremdete Wahrnehmung der Umgebung wird als bedrohlich empfunden.

Weiterhin: euphorische Grundstimmung, verändertes Zeitempfinden (alles geht langsamer oder schneller), ‚man steht neben sich'. Hoher Wachheitsgrad. Alles wird bewusst erlebt, hinterher kann man sich oft an jede Einzelheit erinnern. LSD wird eine ‚die Seele offenbarende' (psychedelische) Wirkung zugeschrieben - es kann verdrängte oder unterbewusste (auch negative) Erlebnisse wieder hervorbringen" (Drug Scouts).

Die Wirkung der Droge klingt bei einer mittleren Dosis nach ca. 6 - 12 Stunden ab. Bei höherer Dosierung kann sie bis zu 24 Stunden andauern. Das Ende des Trips oder das Runterkommen kann von innerer Unruhe, aber auch von einem tiefen Glücksempfinden begleitet sein. Betont werden muss, dass eine körperliche Abhängigkeit ausgeschlossen ist, denn LSD greift nicht in den Gemütszustand ein, sondern setzt diesen in gewisser Hinsicht nur in Halluzinationen um, was gegen das Herbeiführen einer psychischen Sucht spricht. Eine psychische Sucht geht dagegen mit einem starken Verlangen nach dem Gebrauch einer bestimmten Substanz einher. Dies ist bei LSD, wie betont, jedoch nicht der Fall.

Wechselwirkungen mit anderen Drogen

Der gleichzeitige Konsum von LSD und Alkohol kann gesundheitsriskant sein, da die Wirkung des Alkohols kaum wahrgenommen wird, so dass das Risiko einer Alkoholvergiftung besteht.

Darüber hinaus gibt es eine Kombination von LSD und Ecstasy (MDMA), die als *Candyflip* bezeichnet wird. Hier wird die Wirkung des Ecstasys durch das LSD verstärkt, wobei der Rausch bei niedriger Dosierung sehr euphorisch verläuft, da es zu einer starken Ausschüttung von Serotonin und Dopamin kommt. Verliert das MDMA (Ecstasy) an Wirkung, kann der mit dem LSD verbundene Rausch depressiv enden. Soweit dann mehr MDMA zugeführt wird, um die Ausschüttung der Glückshormone weiterhin zu aktivieren, besteht die Gefahr einer Hyperthermie, was wiederum zu starken Kreislaufproblemen führen kann (vgl. Ganguin/Niekrenz 2010, S. 7ff.). Das Risiko beim Konsum von LSD liegt eindeutig im psychischen Bereich. So können schon beim einmaligen Konsum der Droge latente (verborgen vorhandene) psychische Störungen ausgelöst werden.

Es war bis hierhin unser Anliegen, einen Überblick über die Wirkungsweisen und Risiken des Konsums unterschiedlicher Drogen zu vermitteln. Wir möchten dabei aber nicht stehenbleiben, sondern darüber hinaus auf den Konsum bewusstseinsverändernder Pflanzen und Pilze eingehen. Dies erscheint uns wichtig, da *Naturdrogen* in der heutigen Zeit immer mehr von Jugendlichen, jungen Erwachsenen und der Generation mittleren Alters genutzt werden.

3.5 Bewusstseinsverändernde Pflanzen und Pilze

Im Schatten synthetischer Drogen haben die sogenannten *Naturdrogen* in den letzten Jahren besonders in der Drogenszene an Bedeutung gewonnen. Dabei werden nicht nur heimische Pflanzen und Pilze als *Partyspaß* oder *billiger Drogenersatz* konsumiert, sondern auch Substanzen aus fernen Ländern, die über das Internet geordert werden. Unsere Recherchen haben ergeben, dass biogene Drogen immer beliebter werden, weil sie entweder wenig oder gar kein Geld kosten und mit ihnen ein exzessives Rauscherleben betrieben werden kann. Vor allem Jugendliche und junge Erwachsene wissen oft nicht, in welche Gefahr sie durch den Konsum solcher Substanzen begeben, da dieser mit starken seelischen Veränderungen einhergehen kann: also all das, was sonst nur in Träumen, kontemplativer und religiöser Ekstase sowie akuter Psychose erlebt wird (vgl. Prentner 2010, S. 5).

Unterschieden werden muss zwischen *stimulierenden, beruhigenden* und *berauschenden* Naturdrogen. Zu den berauschenden Drogen zählt man diejenigen, die zu einer deutlichen Veränderung des Raum-Zeit-Empfindens und der emotionalen Stimmung beitragen. Die Wirksamkeit solcher Drogen hängt stark von der *Dosis*, dem *Set* und dem *Setting* ab. Was aber ist damit gemeint?

Das Set betrifft den Konsumenten selbst. Dazu gehören innere Einstellungen gegenüber der Droge, aber auch Erwartungen an deren Wirkung und Ängste vor möglichen Rauschgefahren. Von Bedeutung sind darüber hinaus die allgemeine seelische und körperliche Konstitution sowie die Tagesverfassung. Auch spielt es eine Rolle, wie offen Konsumenten gegenüber bestimmten Erlebnissen sind und inwieweit sie bereits Erfahrungen mit dem Gebrauch bestimmter Substanzen gemacht haben. Des Weiteren ist es von Bedeutung, ob bereits psychische oder organische Erkrankungen vorliegen oder eine Abhängigkeit gegenüber bestimmten Drogen besteht. Der Dritte Faktor betrifft das Setting. Damit sind die äußeren Umstände des Konsums gemeint, ob zum Beispiel jemand eine Droge alleine oder in der Gruppe konsumiert und er von einer kundigen Person begleitet wird (vgl. Löhrer/Berkefeld 1998, S. 35ff.).

Die genannten Aspekte sind natürlich für den Konsum aller Drogen von Bedeutung, aber eben ganz besonders für den Gebrauch von Naturdrogen. Dazu zählen z. B. Pflanzen wie *Stechapfel, Engelstrompete* oder *Bilsenkraut*, aber auch Pilze wie zum z. B. der *rote Fliegenpilz* oder der *spitzkegelige Kahlkopf*, der auch unter dem Namen *Zauberpilz* bekannt ist (vgl. Alberts/Mullen 2008).

Der Konsum bestimmter Naturdrogen kann fatale seelische und gesundheitliche Folgen haben. Während zum Beispiel beim ersten Mal eine geringe Dosis an Zauberpilzen (*Psilocybin*) konsumiert wird und sich kaum Rauscheffekte einstellen, kann die gleiche Menge an einem anderen Tag eine größere bewusstseinsverändernde Wirkung hervorrufen. Leider werden solche Substanzen oftmals als *ökologisch korrekt, harmlos* oder *ungefährlich* betrachtet, da den meisten Konsumenten nicht bewusst ist, dass zum Beispiel eine lustige Teeparty mit Engelstrompeten auch auf der Intensivstation eines Krankenhauses enden kann.

In Deutschland werden in den letzten Jahren immer mehr Pflanzen zweckentfremdet. Dazu gehört u. a. auch die *Hortensie*, von der behauptet wird, dass ihre Inhaltsstoffe *high* machen. Solche Aussagen kursieren in Teilen der Drogenszene, da man dort glaubt, die getrockneten Blüten der Pflanze würden beim Rauchen eine cannabisartige Wirkung entfalten, was wissenschaftlich aber nicht bewiesen ist. Mediziner machen dagegen eher Vergiftungserscheinungen für die trügerische Wirkung des High-Seins verantwortlich, Sicher ist jedoch, dass beim Rauschen der Pflanze eine relativ hohe Menge an Blausäure freigesetzt wird, die die Atemkette blockieren und das zentrale Nervensystem zerstören und im schlimmsten Falle zum Tode durch innerliches Ersticken führen kann. Die Hortensie ist ein gutes Beispiel dafür, dass der Gebrauch heimischer Gewächse keineswegs harmlos ist. Nur probieren immer mehr Jugendliche und junge Erwachsene solche Pflanzen aus Neugier aus, um sich einen Kick zu verschaffen, ohne dabei zu berücksichtigen, was sie ihrer Gesundheit damit im Grunde antun (vgl. Hohmann 2009). Ähnliches lässt sich von der Engelstrompete sagen, die jedoch im Gegensatz zur Hortensie als bewusstseinsverändernde Naturdroge in Teilen der Drogenszene sehr begehrt ist, da ihr Konsum mit starken Rauschzuständen und Halluzinationen einhergeht.

3.5.1 Psychoaktive Pflanzen am Beispiel Engelstrompete (Brugmansia)

Wegen ihrer schönen Blüten und der einfachen Haltung ist die *Trompeterblume*, auch *Engelstrompete* genannt, in Deutschland eine weit verbreitete und beliebte

Zierpflanze. Wenigen ist aber bekannt, dass es sich dabei um eine äußerst giftige Pflanze handelt, deren Konsum starke Halluzinationen hervorrufen kann. Dies liegt daran, dass sie unterschiedliche Gemische von *Tropanalkaloiden* enthält, zu denen u. a. das *Scopolamin* gehört. Bereits bei einer geringen Dosis dieses Alkaloids wird die Motorik[16] stark beruhigt (vgl. Prentner 2010, S. 87). Scopalamin ist neben anderen Substanzen oftmals auch Bestandteil sogenannter *K.-o.-Tropfen*, die im Rahmen von Straftaten wie Sexual- oder Eigentumsdelikten genutzt werden, um die Opfer zu betäuben oder zumindest wehrlos zu machen (vgl. Madea/ Mußhoff 2009, S. 341 ff.).

Leider probieren immer mehr Jugendliche und junge Erwachsene Garten- und Zierpflanzen (wie z. B. Stechapfel oder Bilsenkraut) als Drogen aus. Dabei können sie oft nicht einschätzen, wie deren Gifte wirken, so dass die Folgen unabsehbar und in vielen Fällen sogar verheerend sind (vgl. Löhrer/Kaiser 1999, S. 1029 ff.).

Im Rahmen des Konsums der Engelstrompete werden Blätter und Blüten der Pflanze als Tee zubereitet oder mit kaltem Wasser übergossen und als Auszug getrunken. Darüber hinaus werden auch die Samen der Pflanze gegessen. Verschiedene Pflanzenteile werden des Weiteren getrocknet und geraucht oder in pulverisierter Form in Getränke gemischt. Der Konsum solcher Naturdrogen soll stimmungsaufhellend wirken und die Kommunikationsfähigkeit steigern. Darin aber liegt die Gefährlichkeit des Gebrauchs solcher Pflanzenteile.

So kommt es beim Konsum der Engelstrompete schon nach relativ kurzer Zeit zu einer Erweiterung der Pupillen, was über Stunden anhalten kann. Trockenheit der Schleimhäute, gehemmte Schweißproduktion, beschleunigter Herzschlag sind die weiteren Folgen (vgl. Scherbaum 2017, S. 72 ff.). Größere Mengen der Pflanze können zu innerer Hitze (Hyperthermie) und zu Krampfanfällen führen, aber auch zur Eintrübung der visuellen Wahrnehmung und zu Konzentrations- und Verwirrtheitszuständen, die mit einem Wirklichkeits- und Gedächtnisverlust einhergehen. Bei Überdosierungen können sich tagelange Delirien[17] mit wochenlangen Nachwirkungen einstellen und sogar tödlich enden (vgl. Prentner 2009, S. 84).[18]

---

[16] Ein medizinscher Begriff für die Gesamtheit der vom Hirn gesteuerten menschlichen Bewegungsabläufe.
[17] Es handelt sich um eine Bewusstseinstrübung, die sich in Verwirrtheit und Wahnvorstellungen äußert. Kennzeichnend dafür ist neben der Bewusstseinseintrübung eine Störung der Aufmerksamkeit, der Wahrnehmung, des Denkens, des Gedächtnisses, der Psychomotorik und der Emotionalität.
[18] Der Konsum weniger Gramm der Blütenblätter oder -stäube der Engelstrompete kann für Kinder tödlich sein.

3.5.2 Spitzkegeliger Kahlkopf (Psilocybe semilanceata)

Psychoaktive Pilze sind auf der ganzen Welt beheimatet. Während etwa 70 Prozent dieser Pilzarten in Südamerika vorzufinden sind, ist in Deutschland vor allem der *spitzkegelige Kahlkopf* bekannt. Der psychoaktive Wirkstoff dieses heimischen Pilzes, der zur Gruppe der Halluzinogene gehört, heißt *Psilocybin* (vgl. Stafford 1980; Alberts/Mullen 2015, S. 252f.). Es handelt sich um ein *Indolalkaloid* aus der Gruppe der *Tryptamine*. Sein Konsum führt zu Bewusstseinsveränderungen, die dem LSD-Rausch in abgeschwächter Form ähneln.

Zauberpilze werden entweder oral eingenommen, in getrockneter Form oder frisch gegessen, aber auch als Tee getrunken. Die Wirkung setzt nach ca. einer halben Stunde ein und erreicht nach gut zwei Stunden ihren Höhepunkt. Danach klingt der Rausch allmählich ab, der jedoch in manchen Fällen bis zu vier Stunden andauern kann. Dieser wird sanfter und wärmer empfunden als ein LSD-Rausch. Er geht mit euphorischen Gefühlen einher und kann zu einer Erhöhung der Körpertemperatur und des Pulses führen. (Scherbaum 2017, S. 158ff.).

Es zeigen sich des Weiteren Veränderungen im Bereich der optischen und akustischen Wahrnehmung und des Tastsinns sowie ein verändertes Raum-, Zeit- und Körperempfinden, das bis zum Gefühl der Körperlosigkeit gehen und zu Ängsten führen kann. Verdrängte Erinnerungen und Gefühle können dabei ins Bewusstsein treten und diffuse Ängste auslösen (vgl. Linder 1982, S. 1271ff.).

Ein dauerhafter Konsum halluzinogener Pilze *kann* zur psychischen Abhängigkeit mit steigender Toleranzentwicklung führen. Zwar wurde noch keine körperliche Abhängigkeit nachgewiesen, jedoch besteht beim Konsum von Psylocibin eine erhöhte Unfallgefahr, da Gleichgewichts- und Orientierungsstörungen auftreten können, die das Reaktionsvermögen hemmen.

Dazu kommt, dass die Wirkstoffkonzentration der Pilze extrem schwankt, so dass keine exakte Dosierung möglich ist. In diesem Sinne kann sich der Rausch bei jedem Konsum völlig anders gestalten (vgl. Scherbaum 2017, S.156ff).

Risiken des chronischem Missbrauch können sein: Toleranzbildung mit einhergehender Dosissteigerung, zunehmender Realitätsverlust und Veränderung der Persönlichkeit, erhöhte Gefahr des Auftretens von Psychosen.

Der Konsum von Zauberpilzen stellt einen schweren Eingriff in die menschliche Psyche dar, der Zeit braucht, um verarbeitet zu werden. Auch kann es bei einer hohen Dosis zum Horrortrip kommen. Ähnliches lässt sich auch vom Fliegenpilz sagen, um den es im Folgenden geht.

3.5.3 Fliegenpilz (Amanita muscaria)

Der Fliegenpilz wurde und wird in vielen Kulturen der Welt als Naturdroge genutzt. Um einen Rauschzustand zu erzeugen, werden solche Pilze vielfach im getrockneten Zustand verzehrt. Eine weitere Möglichkeit besteht darin, die Haut des Pilzhutes abzuziehen und als *trockene Zigarette* zu rauchen. Manche Konsumenten trocknen auch den gesamten Pilz und rauchen ihn zerbröselt in der Pfeife. Eine weitere Möglichkeit besteht darin, bestimmte Bestandteile des Pilzes in Getränken aufzulösen und schluckweise zu trinken (vgl. Schmidbauer/vom Scheidt 1989, S. 140ff.; Heinrich 2015, S. 126ff.)

Zu den Inhaltsstoffen des Fliegenpilzes gehören Ibotensäure, Muscarin und Muscimol, die den Rausch samt Halluzinationen auslösen. Genauer betrachtet wirkt der Fliegenpilz mehr als ein *Delirantium*. Dies meint, dass es ähnlich wie bei einem Delirium zu Verwirrungs-, Desorientierungs- und Erregungszuständen kommen kann (vgl. Täuscher/Lindequist 2011, S. 406f.). Man spricht hier auch von einem sog. *Pantherina Syndrom*.[19]

Halluzinogene Effekte werden vor allem vom Muscinol (ein psychotropes Alkaloid) ausgelöst, das keine so intensiven Effekte wie z. B. LSD hat. Dennoch sind die Wirkungsspektren des Fliegenpilzes beträchtlich, da es zu Veränderung von *Raum-Zeit-Vorstellungen*, der Wahrnehmung, der Sprache und des Denkens kommen kann, wobei die Umwelt oftmals illusionär verkannt wird (vgl. Flammer 2003, S. 66ff.) So kann zum Beispiel eine Pfütze im Rausch schnell zu einem See werden; oder man setzt sich mit großen Sprüngen über niedrige Hindernisse hinweg (vgl. Schmidbauer/vom Scheidt 1989, S. 141).

Die Wirkung des Pilzes tritt zwischen einer halben bis zwei Stunden je nach Konsumform ein und erreicht ihren Höhepunkt nach etwa zwei Stunden, wobei der Rausch insgesamt zwischen 5 bis 10 Stunden andauern kann. Ähnlich wie beim *Alkoholrausch* kommt es zum Gefühl der *Trunkenheit* mit *Schwindel, Bewegungsstörungen, Euphorie* und *Enthemmtheit*. Auch innere Unruhe, Müdigkeit und Mattigkeit können sich im Rahmen des Konsums einstellen. Als Begleiterscheinungen können des Weiteren *seliger Glücksrausch* und

---

[19] Der Begriff leitet sich vom *Pantherpilz* ab, der ein ähnliches halluzinogenes Wirkungsspektrum wie der Fliegenpilz aufweist (vgl. Bresinsky/Besl 1989, S. 98ff.).

Gleichgültigkeit, aber auch Angst und depressive Gefühle auftreten, was von der jeweiligen Stimmungslage des Konsumenten abhängt (vgl. Scherbaum 2015, S. 81ff.). Ein bis zwei Stunden nach dem Verzehr können Übelkeit, Durchfall und Erbrechen auftreten. Zu den weiteren gesundheitlichen Risiken zählen Krampfanfälle, Herz–Rhythmus-Störungen, Schwindel, Benommenheit, Muskelkrämpfe, Lähmungen und Verwirrtheit (vgl. Alberts/Mullen 2008, S. 224ff.).

Beim Fliegenpilz handelt sich um eine Droge, die von den meisten Konsumenten nur hin und wieder genutzt wird. Dennoch kann von einem risikofreien Konsum nicht die Rede sein, da die Wirkung dieser bewusstseinsverändernden Naturdroge absolut schwankend und schlecht einzuschätzen ist.

3.5.4 Wechselwirkung mit anderen Drogen

Der kombinierte Konsum von Pilzen und Alkohol erhöht die Wahrscheinlichkeit von Übelkeit, Erbrechen und Kreislaufbeschwerden sowie Ohnmacht (vgl. Drug Scouts).

Werden Pilze zeitgleich mit Cannabis genommen, verstärkt sich die halluzinogene Wirkung beider Drogen, wobei es zu Kreislaufbeschwerden kommen kann (vgl. Drug Scouts).

Der parallele Konsum von Pilzen und Ecstasy trägt oftmals zu einer Erhöhung der Körpertemperatur bei. Des Weiteren verstärkt sich die toxische Wirkung des MDMA (vgl. Eve & Rave 2010; Freye 2014, S. 123).

Wie bis hierher gezeigt werden konnte, gibt es eine Reihe unterschiedlicher Drogen, die besonders von Jugendlichen und jungen Erwachsenen konsumiert werden. Dabei wurde betont, dass nicht nur der Drogen-, sondern auch der Alkoholmissbrauch mit etlichen gesundheitlichen Akut- und Langzeitfolgen verbunden sein kann.

Wie unsere Untersuchung zeigt, nimmt der Konsum unterschiedlicher psychoaktiver Substanzen in der jungen und mittleren Generation zu. Zwar gibt es unter ihnen auch noch den reinen Alkoholiker, jedoch ist nicht zu verkennen, dass in diesen Altersgruppen die Mehrfachabhängigkeit von unterschiedlichen psychoaktiven Substanzen mehr oder weniger stark vertreten ist. Daher empfehlen wir der Suchtselbsthilfe, sich neben der Auseinandersetzung mit dem Thema *Alkohol* auch mit anderen Suchtformen zu beschäftigen.

In einem weiteren Schritt gehen wir im Folgenden noch auf die Ursachen und Risiken der Medikamentenabhängigkeit ein, auch wenn sich im Rahmen unserer Untersuchung gezeigt hat, dass es in den befragten Suchtselbsthilfegruppen nur wenige Betroffene gibt. Wir halten es aber dennoch für wichtig, dieses Thema aufzugreifen, da der Medikamentenmissbrauch in unserer Gesellschaft angestiegen und davon auszugehen ist, dass die Suchtselbsthilfe damit in den nächsten Jahren noch stärker konfrontiert wird.

3.6 Medikamentenmissbrauch und Medikamentenabhängigkeit

Das Wissen in der Medizin schreitet mit atemberaubendem Umfang und Tempo voran. Vergleicht man diese Entwicklung mit früheren Zeiten, so hat sich die Art und Weise, mit der Krankheiten definiert werden, eindeutig verändert. Leider ist die moderne Schulmedizin aber vielfach noch von der Vorstellung geprägt, dass die meisten gesundheitlichen Störungen organischer Natur sind, so dass die sozialen und psychischen Ursachen chronischer Erkrankungen ausgeblendet werden (vgl. Mitscherlich 1995; Kastenbutt/Westen 2004; Ruegg 2016).

Mediziner sind diagnostische und therapeutische Experten, die über Angemessenheit, Wirksamkeit und Kosten einer Behandlung entscheiden. Im Idealfall sind sie einfühlsame und solidarische Berater, die exakt wissen, was für die Bedürfnisse ihrer Patientinnen und Patienten und deren Gesundheit angemessen ist. Im Kontext der Expansion von Medizintechnologie und Arzneimittelmarkt schwindet heute jedoch die subjektive und soziale Seite der Krankheitsgenese. In diesem Sinne hat sich für die Humanmedizin der kranke Mensch zu einer Summe physikalisch und chemisch manipulierbarer Funktionen verwandelt, wobei der medizinische Qualitätsmaßstab darauf beruht, wie man Leiden instrumentell in den Griff bekommt (vgl. Illich 2007).

Ein wichtiger Aspekt der modernen Schulmedizin ist das Ringen um mehr Lebensqualität als Kriterium einer erfolgreichen Behandlung (vgl. Schübel 2016, S. 19 ff.). Patientinnen und Patienten folgen daher ärztlichen Anweisungen mit einem gewissen Glauben und Vertrauen, was sich auch auf das Verschreiben von Medikamenten beziehen lässt. Dass vielen Menschen durch den Fortschritt der Medizin geholfen wird, ist zwar unbestreitbar, aber eben auch nur die eine Seite des medizinischen Fortschritts. Die Schattenseite zeigt sich in der zunehmenden *Medikalisierung* der Gesellschaft.

Dazu gehört nicht zuletzt die Behandlung von Gesundheitsprozessen, die ursächlich eigentlich von psychosozialen Faktoren bestimmt sind. Darüber hinaus existiert ein zunehmendes Angebot an Dienstleistungen, bei denen es um eine *Optimierung der Lebensführung* anstatt um die Behandlung von Leiden geht. Dazu gehören auch Kampagnen der Pharmaindustrie, mit denen auf Krankheiten oder Befindlichkeitsstörungen aufmerksam gemacht wird, deren Hauptziel aber darin besteht, den Verkauf von Arzneimitteln anzukurbeln.

So werden Medikamente zunehmend für solche Probleme angeboten, die Ausdruck des natürlichen Alterungsprozesses oder der üblichen Bandbreite der menschlichen Gefühlswelt sind. Auch werden sie zum Teil lediglich zur *Verbesserung* normaler Körperfunktionen als *Lifestyle-Medikamente* vermarktet. Wir möchten damit zum Ausdruck bringen, dass Arzneimittel in unserer Gesellschaft oftmals zu schnell und unreflektiert verschrieben werden, ohne nach möglichen Behandlungsalternativen Ausschau zu halten.

Vor allem Menschen mit einem Suchtproblem sollten im Laufe ihrer Abstinenz eine kritische Haltung gegenüber der Verschreibung von Medikamenten entwickeln, da eine nicht geringe Anzahl von Arzneien ein erhebliches Suchtpotenzial aufweist, denken wir dabei nur an bestimmte Beruhigungs-, Schlaf- oder Schmerzmittel. Betroffene sollten daher stets mit ihren Ärzten abwägen, welche Medikamente für sie geeignet sind und welche nicht, um den Risiken einer möglichen Medikamentenabhängigkeit frühzeitig zu begegnen. Immerhin besitzen vier bis fünf Prozent der häufig verordneten Medikamente ein relativ hohes Suchtpotenzial. Dazu gehören auch Arzneimittel, die zur Verbesserung der seelischen Befindlichkeit eingesetzt werden und eine psychische Abhängigkeit verursachen können. Betroffene sollten daher mit den sie behandelnden Ärzten offen über die Verordnung bestimmter Medikamente sprechen.

Aber nicht nur Ärzte sollten darauf achten, dass verordnete Medikamente richtig gewählt und ordnungsgemäß eingenommen werden, auch die Patienten haben in diesem Zusammenhang eine Verantwortung, denn es kann grundsätzlich zu einem Missbrauch aller Medikamente kommen, ob nun von Ärzten verschrieben oder rezeptfrei in der Apotheke erworben. Was aber ist unter einem Medikamentenmissbrauch zu verstehen?

Ein Medikamentenmissbrauch liegt vor, wenn ein Arzneimittel in einer zu hohen Dosierung und/oder länger als notwendig eingenommen wird. Dies gilt auch, wenn das Medikament dazu benutzt wird, ein bestimmtes (Wohl-) Befinden zu erzeugen, ohne dass aus medizinischer Sicht eine Notwendigkeit zu dessen Einnahme besteht. Ein häufiger Missbrauch stellt oftmals die Vorstufe für eine spätere Medikamentenabhängigkeit dar (vgl. Soyka/Mann 2016, S. 123ff.). Eine Medikamentenabhängigkeit wiederum lässt sich beschreiben als eine leise und unauffällige Krankheit, welche meist schon lange währt, bevor sie überhaupt entdeckt wird. Oft gibt es nur wenige von außen erkennbare Anzeichen und keine wahrnehmbaren ungewöhnlichen Verhaltensweisen wie bei einer Alkohol- oder Drogenabhängigkeit. Die Betroffenen sind eher angepasst, sozial integriert und nicht selten sogar ausgesprochen leistungsorientiert. Leistungseinbußen sind zum Teil über einen längeren Zeitraum nicht feststellbar. Im Gegenteil: Der Missbrauch von Medikamenten erfolgt bei vielen Betroffenen sogar zum Erhalt ihrer Funktions- und Leistungsfähigkeit (vgl. Pallenbach/Holzbach 2009).

Wissenschaftliche Untersuchungen zeigen, dass Frauen eine stärkere Nähe zu Arzneimitteln und zum Missbrauch entwickeln als Männer. Dies liegt u. a. daran, dass sie bereits in ihrer Kindheit und Jugend stärker mit Medikamenten in Kontakt kommen, zumindest erheblich mehr als männliche Kinder und Jugendliche. Oftmals fungieren ihre Mütter als Vorbild, da auch sie schon früh gelernt haben, Medikamente gegen unterschiedliche Beschwerden einzusetzen.

Ein weiterer Aspekt ist, dass viele Ärztinnen und Ärzte kein Problem damit haben, dem weiblichen Geschlecht bestimmte Medikamente zu verschreiben, zumindest mehr als dem männlichen. Unterschiedliche Untersuchungen führen ein solches Verschreibungsverhalten auf ein Frauenbild zurück, das noch weitgehend dem alten Rollenstereotyp folgt (vgl. Brähler/Felder 1999: 11ff.; Knopf 2017, S. 37ff.).

„Frauen werden in der Medizin anders behandelt und diagnostiziert als Männer. Die angeblich höhere Klagsamkeit und Leidensfähigkeit der Frau wird zum Ausgangspunkt einer Psychologisierung der weiblichen Krankenrolle. Frauen werden eher seelische, Männern manifeste, organische Krankheiten zugeschrieben. Mit der Pathologisierung des Frauenbildes geht die Psychologisierung der weiblichen Gesundheit einher" (Maschewsky-Schneider et al. 1999, S. 989).

Die höhere Sensibilität der Frauen und ihre Bereitschaft, persönliche Veränderungen zu vollziehen, spielen in der Verschreibung von Medikamenten daher eine nicht unbedeutende Rolle. Die betrifft vor allem die Verordnung von

Psychopharmaka und Schlafmitteln, die bei Frauen um das Dreifache höher liegt als bei Männern (vgl. Barmer GEK 2016).

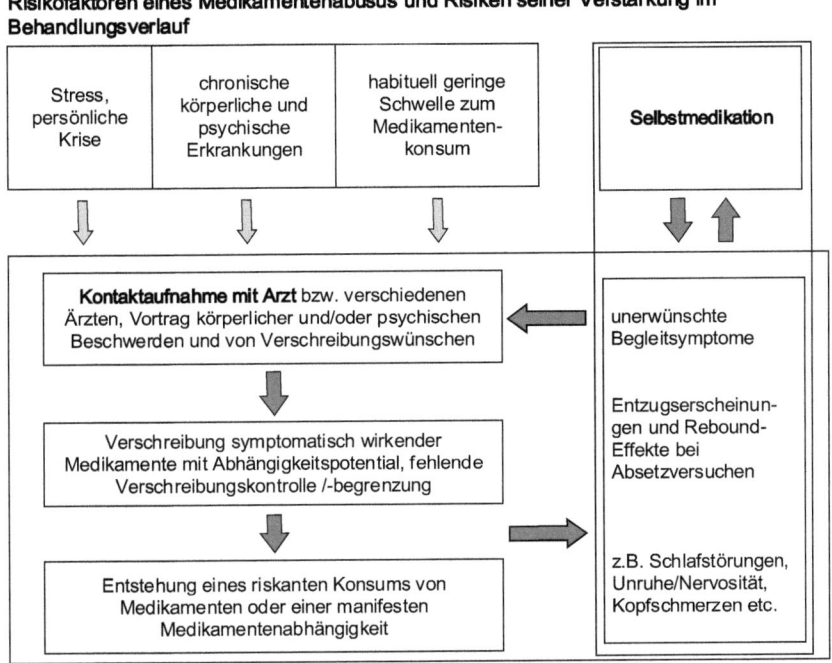

Abbildung 15: Kreislauf des Medikamentenmissbrauchs
(nach Jacobowski, Kunstmann, Schwantes: aus Bundesärztekammer 2007, Köln, Seite 16)

Es zeigen sich somit deutliche Unterschiede zwischen Frauen und Männern hinsichtlich der Art der verordneten Arzneimittel, des problematischen Medikamentenkonsums und der Häufigkeit der Medikamentenabhängigkeit. Ausschlaggebend dafür sind vor allem individuelle und gesellschaftliche Faktoren. Obwohl Frauen länger leben als Männer, schätzen sie ihren Gesundheitszustand im Durchschnitt schlechter ein als das männliche Geschlecht. Im Zusammenhang mit Menstruation, Schwangerschaft, Wechseljahre werden ihnen nicht nur mehr Arzneimittel verschrieben, sondern sie erhalten im Gegensatz zu Männern auch etwa doppelt so viel Mittel im Rahmen der Behandlung seelischer Störungen. Damit besteht bei Frauen im Durchschnitt ein größeres Risiko zu einer Medikamentenabhängigkeit.

Um näher zu erläutern, um was es sich bei einer Medikamentenabhängigkeit handelt, beziehen wir uns im Folgenden auf wesentliche Kriterien des ICD-10[20], von denen mindestens drei während des letzten Jahres erfüllt sein müssen:

- starkes, oft unüberwindbares Verlangen, die Substanz einzunehmen;
- Schwierigkeiten, die Einnahme zu kontrollieren (was den Beginn, die Beendigung und die Menge des Konsums betrifft);
- körperliche Entzugssymptome;
- Steigerung der Menge, damit die gewünschte Wirkung eintritt;
- fortschreitende Vernachlässigung anderer Verpflichtungen, Aktivitäten, Vergnügen oder Interessen (das Verlangen nach der Droge wird zum Lebensmittelpunkt);
- fortdauernder Gebrauch der Substanz(en) wider besseres Wissens und trotz eintretender schädlicher Folgen (vgl. Dilling et al. 2000; WHO 2005).

Festzustellen ist, dass Missbrauch und Abhängigkeit von Medikamenten in unserer Gesellschaft in den letzten Jahren erheblich zugenommen haben. Lag die Zahl der Medikamentenabhängigen in Deutschland im Jahr 2005 noch bei 1.5 Millionen, so lag sie im Jahr 2015 bereits bei 1,9 Millionen (vgl. Bundesärztekammer 2007; Deutsche Hauptstelle für Suchtfragen 2015). Es ist davon auszugehen, dass die erwähnte Zahl der Medikamentenabhängigen um ein Vielfaches höher ist, da eine starke Intransparenz bei der Verordnung von Arzneimitteln mit hohem Missbrauchs- und Abhängigkeitspotenzial besteht (vgl. DHS 2017). Dies liegt u. a. daran, dass z. B. Privatrezepte für Schlaf- und Beruhigungsmittel heute eher die Regel als die Ausnahme sind. Da Verordnungen auf Privatrezept aber nicht systematisch durch Datenscreenings erfasst werden, wird die Arzneimittelabhängigkeit in Deutschland eher zu gering eingeschätzt. Dies betrifft vor allem den Konsum von Schmerzmitteln, Beruhigungsmitteln und Antidepressiva. Insofern ist es schwierig, das Verordnungsgeschehen detaillierter zu erfassen und transparenter zu machen (vgl. Hoffmann et al. 2010).

3.6.1 Schmerzmittelabhängigkeit

Die Abhängigkeit von Schmerzmitteln ist in unserer Gesellschaft weit verbreitet. So wird die Anzahl der Schmerzmittelabhängigen in Deutschland auf ca.

---

[20] ICD 10 = Internationale statistische Klassifikation der Krankheiten und verwandter Gesundheitsprobleme nach Standards der Weltgesundheitsorganisation (WHO).

500.000 geschätzt (vgl. DHS 2015). Interessant ist, dass diese Form der Abhängigkeit in unsere Evaluationsstudie auch von einigen der befragten Gruppenmitglieder genannt wird, obwohl sich Medikamentenabhängige in Suchtselbsthilfegruppen noch in Grenzen halten.

Da ein nicht geringer Anteil an rezeptfreien Schmerzmitteln (Analgetika) direkt über Apotheken bezogen wird, darf gemutmaßt werden, dass der Missbrauch solcher Präparate um ein Vielfaches höher ist. Eine relativ große Anzahl der Betroffenen ist vor allem abhängig von sogenannten peripher wirksamen Präparaten[21], die zur Behandlung von Schmerzen, Fieber und Entzündungen eingesetzt werden (vgl. dazu u. a. DHS 2015).

Für solche rezeptfreien Schmerzmittel geben die Deutschen jährlich rund 900 Millionen Euro aus. Das ist die Hälfte der am häufigsten frei verkäuflichen Medikamente. Dazu gehören: Acetylsalicylsäure, Diclofenac, Ibuprofen, Naproxen, Paracetamol und ihre Kombinationspräparate. Auch wenn der Absatz von Paracetamol stagniert, so ist der Verkauf von Ibuprofen und Diclofenac in den letzten Jahren weiter angestiegen (vgl. Barmer GEK 2016).

Für viele Medikamentenabhängige steht der regelmäßige Konsum von Analgetika am Anfang ihrer Sucht. Der Übergang vom Missbrauch zur Abhängigkeit gestaltet sich meist fließend und kann ernsthafte Folgen nach sich ziehen. Durch den oft jahrelangen Missbrauch leiden viele Schmerzmittelabhängige an Organschäden. So sind ca. 10 bis 15 % der Dialysepatientinnen und -patienten an einer Niereninsuffizienz aufgrund des übermäßigen Konsums von Schmerzmitteln erkrankt. Missbraucht wurden dabei oft Kombipräparate, die *Acetylsalicylsäure*, *Paracetamol* und *Coffein* als gemeinsame Inhaltsstoffe enthalten (vgl. DHS 2015).

Aber was steckt eigentlich hinter dem steigenden Konsum rezeptfreier Schmerzmittel? Viele Menschen möchten jederzeit leistungsfähig sein und denken nicht weiter darüber nach, welche gesundheitlichen Folgen der häufige Konsum solcher Medikamente haben kann. Der Griff zur Schmerztablette ist für sie einfacher und schneller, anstatt dem Schmerz auf anderem Wege zu begegnen. Besonders im Rahmen einer Langzeiteinnahme von *Paracetamol* kann es zum sog. *Analgetika-Schmerz* kommen, den das Präparat als Nebenwirkung durch Gewöhnung verursacht. Auf diese Weise kann ein Teufelskreis entstehen,

---

[21] Es handelt sich um Schmerzmittel (Analgetika), die über die Schmerzhemmung in der Peripherie (d.h. dort, wo der Schmerz sitzt oder entsteht) wirken.

der zum weiteren Schmerzmittelkonsum beiträgt und neue Schmerzen verursacht, so dass man hier in vielen Fällen bereits von einer Medikamentenabhängigkeit sprechen kann (vgl. Soyka 2016, S. 62).

3.6.2 Risiken des parallelen Konsums von Schmerzmitteln und Alkohol

Der parallele Konsum von Schmerzmitteln (vor allem Paracetamol) und Alkohol kann die Wirkung beider Substanzen verstärken. Diese blockieren vor allem bestimmte Botenstoffe im Gehirn und haben eine dämpfende Wirkung auf das zentrale Nervensystem. Schon bei kleinen Alkoholmengen kann es in Kombination mit Schmerzmitteln zu einer eingeschränkten psychischen Wahrnehmung und Verminderung des Reaktionsvermögens kommen, was besonders für die Teilnahme am Straßenverkehr risikoreich sein kann.

Rezeptfreie Schmerzmittel mit Wirkstoffen wie Ibuprofen oder Acetylsalicylsäure können die Schleimhaut des Magens angreifen. Eine ähnliche Wirkung hat der Alkohol, da er ebenfalls die Bildung von Magensäure fördert. Die Folgen können Übelkeit und Erbrechen, im schlimmsten Fall sogar Magenblutungen sein. Daher stellt der gleichzeitige Konsum von Schmerzmitteln und Alkohol eine gefährliche Mischung dar, die grundsätzlich vermieden werden sollte.

Die Diskussion um den gesundheitsriskanten Konsum verschreibungspflichtiger Schmerzmittel (z. B. Opioid-Analgetika) ließe sich in unserer Diskussion über Medikamentenabhängigkeit sicherlich noch anfügen, würde aber deren Rahmen sprengen. In diesem Sinne ist der Hinweis auf den steigenden Missbrauch rezeptfreier Analgetika nur beispielhaft gedacht. Wenn es jedoch um die Abhängigkeit von Medikamenten geht, so spielen neben Schmerzmitteln auch Schlafmittel (*Hypnotika*) eine besondere Rolle.

3.6.3 Schlafmittelabhängigkeit

Wissenschaftliche Studien bestätigen, dass die meisten Hypnotika nur für kurzfristigen Schlaf sorgen und das eigentliche Problem der Schlaflosigkeit nicht beseitigen. Dazu kommt, dass man solche Arzneimittel, auch wenn sie frei verkäuflich sind, nicht ohne ärztliche Rücksprache einnehmen sollte. So kann zum Beispiel die Selbstbehandlung mit rezeptfreien Schlafmitteln bei älteren Personen die Sturzgefahr erhöhen. Auch können Schlafmittel das menschliche Reaktionsvermögen soweit verändern, dass Autofahren und die Bedienung von Maschinen risikoreich werden.

Aber auch viele der durch Ärzte verordneten Mittel erzwingen den Schlaf nicht, sondern wirken nur *schlafbahnend*: Wer sie also eingenommen hat, dämmert nicht unweigerlich weg, sondern kann nur leichter einschlafen.

Wenn es um Schlafmittel geht, verschreiben Ärzte heute fast nur noch die sogenannten neuen Nicht-Benzodiazepine, die auch als *Benzodiazepin-Rezeptoragonisten* oder *Z-Substanzen* bekannt sind, da alle Wirkstoffe mit dem Buchstaben *Z* anfangen (wie z. B. *Zolpidem*). Ihr Suchtpotenzial ist niedriger als das ähnlich wirkender Benzodiazepine. Auch werden diese Substanzen vom Körper schneller abgebaut und verursachen weniger häufig Benommenheit oder Schwindel am nächsten Tag. Dennoch gehen mit ihrer Einnahme Nebenwirkungen einher, so dass es zu Kopfschmerzen und Sehstörungen, aber auch zu zeitlich begrenzten Gedächtnislücken kommen kann. In Kombination mit Alkohol können sich die negativen Wirkungen solcher Medikamente noch weiter verstärken (vgl. DHS 2015, S. 28ff.).

Manchmal verordnen Ärzte auch niedrig dosierte Antidepressiva, die den Schlaf anstoßen sollen. Allerdings zeigen sie mehr Nebenwirkungen als moderne Schlafmittel. Wer also Schlafmittel einnimmt, hat, wie betont, keinen natürlichen Schlaf, auch wenn manche Ärzte ihren Patienten dies weismachen wollen. So erholsam, wie natürlicher Schlaf ist, kann künstlich herbeigeführter daher niemals sein.

Aber auch die Einnahme von pflanzlichen Schlafmitteln kann gesundheitsriskant sein. So kann zum Beispiel Baldrian zur psychischen Gewöhnung führen, mal ganz abgesehen von dem hohen Alkoholgehalt, den manche Baldriantinkturen enthalten. Dazu kommt, dass seine Wirkung noch nicht ausreichend erforscht ist, auch wenn es Hinweise gibt, dass Baldrian den Schlaf fördert und die Schlafstruktur nicht leidet.

Nur müssen es immer Medikamente sein? Manchmal reicht es schon aus, sich intensiver mit seinen Lebensrhythmen zu beschäftigen, um zu erkennen, was möglicherweise hinter einer Schlaflosigkeit steckt. Oft sind es Belastungen beruflicher oder privater Natur, die uns ins Grübeln bringen und den Schlaf rauben. Wenn die Schlaflosigkeit jedoch schon Wochen oder Monate andauert, sollte mit dem Hausarzt darüber gesprochen werden. Vielfach ist es auch akuter oder chronischer Stress, der zu einer solchen Störung beiträgt. Stress wiederum ist ein Symptom unserer Leistungsgesellschaft und Ausdruck der Belastung und Anspannung des gesamten Organismus (vgl. Hecht et al 1993; Marx 2016, S. 18ff.).

Es wäre ratsam, über das Thema *Schlafprobleme* in der Gruppe zu sprechen. Aber auch die Teilnahme an einem Kurs im Bereich des Autogenen Trainings oder der Muskelrelaxation nach Jacobsen kann für manche Menschen hilfreich sein, um Schlafstörungen zu überwinden. Nur mit der Einnahme von Schlafmitteln sollte man äußerst vorsichtig sein, wenn bereits eine Suchtmittelabhängigkeit besteht.

3.6.4 Benzodiazepine

Benzodiazepine sind verschreibungspflichtige Medikamente, die als Schlaf- oder Beruhigungsmittel eingesetzt werden. Man bezeichnet sie aufgrund ihrer entspannenden Wirkung auch als *Tranquilizer*[22]. 1957 wurde mit dem Wirkstoff Chlordiazepoxid die erste Substanz aus der Gruppe der Benzodiazepine synthetisiert und 1961 unter dem Handelsnamen *Librium* in die Medizin eingeführt. *Diazepam*, besser bekannt unter dem Markennamen *Valium®*, folgte dann 1963 als Arzneistoff (vgl. DHS 2015, S.13). Viele Patienten verzichteten auf den Konsum von Valium, da es stark abhängig macht und etliche unangenehme Nebenwirkungen zeigt (vgl. Jurk 2005).

Zu den bekanntesten Benzodiazepinen gehören *Bromazepam*, *Diazepam*, *Flurazepam* und *Lorazepam*. Alle weiteren Substanzen aus der Klasse der Benzodiazepine leiten sich von *Chlordiazepoxid* und *Diazepam* ab.

Benzodiazepine haben eine angstlindernde und beruhigende Wirkung. Bedrohliches wandelt sich unter ihrem Einfluss in eine leicht verkraftbare Unwichtigkeit, wobei Unruhe verschwindet und Furcht zerrinnt. Die wichtigsten medizinischen Anwendungsgebiete von Benzodiazepinen sind vor allem Angststörungen, Erregungs-, Spannungs- und Unruhezustände sowie psychotische Symptome. Benzodiazepine werden auch als Beruhigungsmittel vor operativen Eingriffen, bei epileptischen Anfällen, Tetanus (Krämpfen), Fieberkrämpfen und anderen Zuständen mit erhöhtem Muskeltonus (Muskelanspannung) eingesetzt (vgl. DHS 2015, S. 61ff.)

---

[22] Der Begriff steht für Beruhigungsmittel.

Benzodiazepine wirken zentralnervös, denn sie docken an Rezeptoren im Gehirn an und bewirken eine Dämpfung der Reizweiterleitung. Beeinflusst werden dadurch vor allem Neurotransmitter wie *Noradrenalin*, *Acetylcholin* und *Serotonin*. Dies wiederum hat Auswirkungen auf das Gedächtnis, auf die Aufmerksamkeit und die Bewegungskoordination sowie das Gefühlsleben.

Müdigkeit, Mattheit, Benommenheit. Konzentrationsstörungen, Niedergeschlagenheit und Gedächtnislücken gehören zu den Nebenwirkungen dieses Medikaments. Des Weiteren kann es zu Störungen in den Bewegungsabläufen, zu Schwindel und Muskelschwäche kommen, was die Sturzgefahr vor allem bei älteren Menschen erhöht.

Zu den weiteren Nebenwirkungen können langsame oder verwaschene Sprache, Sehstörungen, Übelkeit, Durchfall, Mundtrockenheit, gesteigerter Appetit, verlangsamte Atmung und Blutdruckabfall gehören. Bei der langfristigen Einnahme von Benzodiazepinen kann es zu gesundheitlichen Problemen kommen. In Erscheinung treten können bei längerfristigem Konsum darüber hinaus gefühlsmäßige Abstumpfung, Konzentrations- und Merkfähigkeitsschwierigkeiten, körperliche Abgeschlagenheit sowie verminderte Kritikfähigkeit (vgl. Ashton 2002).

Benzodiazepine sollen nur für kurze Zeit eingenommen werden, da sich nicht nur eine Toleranz gegenüber diesem Arzneimittel entwickeln, sondern es auch zu einer psychischen und körperlichen Abhängigkeit kommen kann. Wie bei vielen anderen Medikamenten besteht eine solche Gefahr, wenn Benzodiazepine unsachgemäß und in höher als der verordneten Dosis eingenommen werden (vgl. DHS 2015, S. 61ff.).

Abhängigkeitsrisiken bestehen aber auch bei ärztlich verschriebenen niedrigen Dosen, wenn zum Beispiel bei allzu unkritischer Verschreibungspraxis die Einnahme über Monate oder sogar Jahre erfolgt oder andere Ärzte für zusätzliche Verschreibungen konsultiert werden, weil der Alltag ohne Benzodiazepine nicht mehr zu bewältigen ist. Der gleichzeitige Konsum von Alkohol kann die dämpfende Wirkung von Benzodiazepinen in fataler Weise erhöhen, so dass es zum Atem- und Herzstillstand kommen kann (vgl. Holzbach 2010, S. 319ff.).

Betroffene sollten die sie behandelnden Ärzte auf ihre Suchtmittelabhängigkeit hinweisen, was bei Benzodiazepinen ganz besonders Sinn macht, da diese über ein hohes Suchtpotenzial verfügen. So weist die DHS eingehend darauf hin, dass eine Verschreibung von Benzodiazepinen nur bei klarer vorheriger Indikationsstellung und Aufklärung über das bestehende Abhängigkeitspotenzial und die möglichen Nebenwirkungen erfolgen soll (vgl. DHS 2015, S. 64).

Es besteht des Weiteren die Gefahr einer gegenseitigen Wirkungsverstärkung bei Mischkonsum von Benzodiazepinen mit Schlafmitteln und/oder von Benzodiazepinen mit anderen Substanzen wie Heroin und Methadon/L-Polamidon. Besonders in der Drogenszene werden Benzodiazepine konsumiert, wenn keine anderen psychoaktiven Substanzen in Griffnähe sind. Dabei reagieren Drogenabhängige auf das hochpotente Beruhigungsmittel mit schneller Abhängigkeit.

3.6.5 Antidepressiva

Die Verschreibung von Antidepressiva hat sich in Deutschland in den letzten 20 Jahren mehr als verdoppelt (vgl. Barmer GEK 2016), was u. a. daran liegt, dass sie oftmals zu leichtfertig verschrieben werden. In einer Gesellschaft, in der eine niedrige Toleranz gegenüber Frustration und Trübsal besteht, werden lösbare Probleme auf der einen Seite zu oft und zu schnell medizinalisiert. Auf der anderen Seite wünschen sich immer mehr Menschen die Verschreibung solcher Präparate, auch wenn sie nur vorrübergehend traurig sind. Eine vorrübergehenden Traurigkeit, die jeder von uns kennt, ist jedoch ein normales menschliches Gefühl, das im Allgemeinen keiner medikamentösen Behandlung bedarf und sich weitgehend auf der psychosozialen Ebene lösen lässt.

Es stellt sich daher die Frage, inwieweit wir durch Prozesse der Globalisierung, Digitalisierung, Individualisierung und Flexibilisierung und der damit verbundenen Beschleunigung des sozialen Lebens überfordert sind. Andererseits fühlen sich immer mehr Menschen unterfordert, da sie das Gefühl haben, nur noch Anhängsel einer sich immer rascher drehenden Welt zu sein. Deutlich wird dies besonders an den weitreichenden Verschiebungen in der Wirtschafts- und Gesellschaftsstruktur, die zu einschneidenden Brüchen in den Lebens- und Arbeitsbedingungen beigetragen haben. Auch zeigt sich im Zuge dieser Entwicklungen, dass subjektive Belastungen durch akuten und chronischen Stress auf gesellschaftlicher Ebene enorm zugenommen haben (vgl. Robert Koch-Institut 2015; Siegrist 2015). Anstatt auf die realen Ursachen eines solchen Prozesses einzugehen, werden Unsicherheiten und Ängste zu schnell mit Psychopharmaka behandelt (vgl. Neckel/Wagner 2013; Ehrenberg 2015).

Warum muss aber alles in Traurigkeit, Schwermut oder Erschöpfung münden anstatt in Empörung und Widerstand? Und warum ist das Ganze überhaupt ein medizinisches Problem? Oder lässt sich vielleicht aus der Depressions-These im Gesundheitsmarkt ein rentables Geschäft machen? Sind unsere angeblichen Verhaltens- und sonstigen Störungen vielleicht das Futter für einen gewinnträchtigen Wirtschaftssektor, der immerhin 10 Prozent des jährlichen Bruttosozialprodukts ausmacht (vgl. Jurk 2008)?

Gerade Suchtselbsthilfegruppen sollten sich Gedanken darüber machen, warum zum Beispiel bestimmte Psychopharmaka nicht an den Ursachen seelisch bedingter Probleme andocken und diese nicht heilen können (vgl. Quíndeau 2016). Dies gilt in besonderem Maße für Antidepressiva, die, wie betont, in Deutschland zu schnell und über einen zu langen Zeitraum verschrieben werden, wovon immer mehr suchtkranke Menschen betroffen sind (vgl. Süddeutsche Zeitung vom 21. November 2013).

Verordnet werden Antidepressiva üblicherweise bei mittelschweren bis sehr schweren Depressionen (vgl. Laux/Dietmeier 2013, S. 95ff.). Erwiesen ist, dass leichtere Depressionen nach einiger Zeit von selbst abklingen, so dass es kaum rationale Gründe dafür gibt, sie mit Antidepressiva zu behandeln. Auch sollten solche Medikamente, soweit fachärztlich verordnet, nicht länger als 6 bis maximal 18 Monate eingenommen werden (vgl. Mutschler 2008).

Immer mehr Suchtkranke nehmen bereits während des Entzugs zur Behandlung depressiver Symptome Antidepressiva ein. Oft wird diese Einnahme aber nach der Suchtbehandlung eigenständig und ohne ausreichende medizinische Kontrolle fortgesetzt. Dem ärztlich indizierten Gebrauch folgt damit eine nichtbestimmungsgemäße Anwendung, was als Medikamentenmissbrauch zu betrachten ist. „Dies bedeutet allerdings nicht, dass Antidepressiva ein eigenes Suchtpotenzial haben. Zu beachten ist, dass Menschen mit Suchtkrankheiten häufig auch solche Arzneimittel missbräuchlich verwenden, die kein eigenes Suchtpotenzial aufweisen" (Glaeske/Holzbach 2015, S. 41).

Soweit Antidepressiva eingenommen werden, sollten sie niemals schlagartig abgesetzt, sondern über Tage und Wochen ausgeschlichen werden. Das Ausschleichen muss auf jeden Fall ärztlich begleitet werden. Beim Absetzen des Medikaments können Symptome wie Schwindel, Schlafstörungen, Kopfschmerzen, Übelkeit, Schwitzen und Ängste in Erscheinung treten. Hinzukommen kommen können darüber hinaus innere Unruhe und Spannungen, Reizbarkeit und Appetitverlust (vgl. Vorderholzer/Hohagen 2017, S. 213ff.).

Patienten, die Antidepressiva nehmen, sollten sich vor Augen halten, dass bestehende Lebensprobleme, die evtl. zur Entstehung der Depression beigetragen haben (z. B. Belastungen im Beruf oder in Familie und Partnerschaft), durch das Medikament nicht direkt verändert werden können (vgl. Ehrenberg 2015).

Suchtkranke haben zum Beispiel die Möglichkeit, über ihre Lebensprobleme im Rahmen des Besuchs einer Selbsthilfegruppe zu reden, um dort im Wege der Hilfe zur Selbsthilfe notwendige Unterstützung und Entlastung zu finden. In diesem Sinne kann der Gruppenbesuch dazu beitragen, im Alltag psychisch stabiler und ausgeglichener zu werden (vgl. Kastenbutt/Müller 2016). Dies schließt nicht aus, dass parallel eine professionelle psychologische Behandlung wahrgenommen wird. Die Kombination aus Hilfe zur Selbsthilfe und Therapie ist oftmals sogar sinnvoll, um systematisch an seinen Problemen zu arbeiten.

Betroffene, die Antidepressiva nehmen, sollten daher mit ihren Ärzten abklären, wie lange eine solche Behandlung überhaupt sinnvoll ist. Bei leichteren Depressionen sollte, wie erwähnt, auf eine medikamentöse Behandlung verzichtet werden, was ebenfalls ärztlich abzuklären ist. In solchen Fällen gibt es eine Reihe alternativer Möglichkeiten, um seelisch stabiler zu werden. Dies können naturheilkundliche Verfahren und Behandlungsweisen sein, aber auch Entspannungstechniken, um Stress abzubauen. Zwecks seelischer und körperlicher Vitalisierung ist auch eine ernährungsphysiologische Beratung zu empfehlen (vgl. Petermann/Vaitl 2014; Rottenwaller 2015).

Suchtselbsthilfegruppen sollten sich näher mit den gesellschaftlichen Ursachen von Depressionen beschäftigen. Sie könnten auf diese Weise ergründen, warum Depressionen inzwischen zu einer *Volkskrankheit* geworden sind. Dabei sollten sie vor allem über die sozialen und psychischen Hintergründe der Niedergeschlagenheit diskutieren. Gerade letzterer Aspekte dürfte in Anbetracht der massenhaften Verschreibung von Psychopharmaka von großer Bedeutung sein. So könnte zum Beispiel erörtert werden, warum immer mehr Menschen über innere Leere, Hoffnungslosigkeit und Handlungsunfähigkeit klagen, wo doch die modernde Gesellschaft flexibles, kreatives und beschleunigtes Handeln zu Kardinaltugenden erhoben hat, sich aber eine Störung breit macht, die genau vom Gegenteil spricht.

In der Gruppendiskussion könnte in einem weiteren Schritt danach gefragt werden, wie mit solchen Problemen umzugehen ist und welche alternativen Lösungen sich anbieten.

Zum Schluss dieses Buches wollen wir nun noch kurz auf das Thema *alkohol-haltige Medikamente* eingehen, da ihr Konsum das Risiko eines Alkoholrück-falls erhöht.

3.6.6 Alkoholhaltige Medikamente

Manche der heute erhältlichen Präparate enthalten üblicherweise 30 bis 80 Vo-lumenprozent Alkohol, der in Einzeldosierungen von ca. 2 ml oder 2 g einge-nommen wird. Daraus lässt sich ein momentaner Blutalkoholspiegel von 0,01 bis 0,02 % ableiten, der für trockene Alkoholiker gefährlich ist und zu einem Rückfall beitragen kann. Das Gebot der strikten Abstinenz sollte daher absolu-ten Vorrang haben (vgl. dazu auch Bundesapothekenkammer 2011, S. 34).

Wenn in der Abstinenz Medikamente genommen werden müssen, sollte generell auf Trockenpräparate ausgewichen werden. Schauen wir uns zum Schluss daher beispielhaft eine Liste von Präparaten an, die frei in Apotheken und Reformhäu-sern erhältlich sind und auf die trockene Alkoholiker/innen verzichten sollten. Gleiches gilt natürlich auch für verschreibungspflichtige Medikamente, die Al-kohol enthalten. Betroffene sollten daher offen mit ihren Ärzten über solche Arzneimittel und die damit verbundenen Gesundheitsrisiken sprechen.

Zu den frei verkäuflichen Mitteln gehören u. a.:

- Aktivanad N ® (Kräftigung des Allgemeinbefindens = Alkohol 11,0 vol %)
- Baldrian-Tinktur ® (Alkohol 65,0 vol %)
- Biovital N ® (Herz- und Kreislaufstärkung = Alkohol 15,5 vol %)
- Buerlecithin ® (Unterstützung der Leistungsfähigkeit = Alkohol 16,4 vol %)
- Doppelherz ® (Herz-Kreislauf-Tonikum = Alkohol 17,0 vol %)
- Hetterich ® (Baldrian Tinktur = Ethanol 65,0 vol %)
- Klosterfrau Melissengeist ® (vegetative Beschwerden, innere Unruhe = Al-kohol 79,0 vol %)
- Tai Ginseng ® (Tonikum = Alkohol 20,0 vol %)
- Voltax ® (bei Erschöpfungszuständen = Alkohol 5,0 vol %)

Literaturverzeichnis:

Alberts, A./Mullen, P. (2015): Psychoaktive Pflanzen, Pilze und Tiere – Bestimmung, Wirkung, Verwendung. Stuttgart.

Amendt, G. (2010): Risikoabwägung als subjektive Überlebensstrategie: Wie die Bereitschaft Körper und Seele chemisch zu stimulieren eine neue Drogenrealität schafft. URL: www.dgsuchtmedizin.de/.../G.Amendt_ Pharmakologisierung-des-Alltags_DGS_DHS_.html. (abgerufen am 10.07.2017)

Ashton, H. (2002): Benzodiazepine: Wirkungsweise und therapeutischer Entzug. Unter: http://benzo.org.uk/german/index.htm. (abgerufen am 03.05.2017).

Barmer GEK (2016): Arzneimittelreport 2016. Berlin.

Barsch, G. (2014): „CRYSTAL-METH" - Einblicke in den Lebens- und Konsumalltag mit der Modedroge Crystal. Lengerich.

Barsch, G./ Eul, J./ Harrach, T. (2006): Drogenmischkonsum anders verstehen - Prävalenzen und Konsumbewertungen. Unter: http://p102252.typo3server. info/uploads/media/Drogenmischkonsum_anders_verstehen.pdf. (abgerufen am 01.06.2017).

Bastigkeit, M. (2013): Rauschdrogen - Drogenrausch: Eigenschaften, Wirkung und Notfallbehandlung. Edewecht.

Batra, A./Scherbaum, N. et al. (2012): Neurobiologie der Abhängigkeit: Grundlagen und Konsequenzen für Diagnose und Therapie von Suchterkrankungen. Stuttgart.

Batra, A./Bilke-Hentsch, O. (2016): Praxisbuch Sucht: Therapie der Suchterkrankungen im Jugend- und Erwachsenenalter. Stuttgart.

Berger, M. (2004): Handbuch für den Drogennotfall. Solothurn.

Berger, M. (2017): Psychoaktive Drogen. Substanzkunde für mündige Menschen. Solothurn.

Beubler, E. (2006): Pharmakologie psychotroper Substanzen. In: E. Beubler/H.Haltmeyer/A. Springer (Hrsg.): Opiatabhängigkeit. Interdisziplinäre Aspekte für die Praxis. Wien, 51-64.

Böckem, J./Jungaberle, H./Jork, E./Kluttig, J. (2015): High Sein. Ein Aufklärungsbuch. Berlin.

Bonnet, U. (2008): Cannabis. In: R. Thomasius (Hrsg.): Suchtstörungen im Kindes- und Jugendalter. Das Handbuch: Grundlagen und Praxis. Stuttgart und New York, 481-489.

Brähler, E./Felder, H. (1999): Weiblichkeit, Männlichkeit und Gesundheit. In: Dies. (Hrsg.): Weiblichkeit, Männlichkeit und Gesundheit. Medizinpsychologische und psychosomatische Untersuchungen. Opladen und Wiesbaden, 9-30.

Bresinsky, A./Besl, H. (1989): Giftpilze. Ein Handbuch für Apotheker, Ärzte und Biologen. Stuttgart.

Bundesärztekammer (2007): Medikamente – schädlicher Gebrauch und Abhängigkeit. Leitfaden für die ärztliche Praxis. Krefeld.

Bundesapothekenkammer (BAK) (2011): Medikamente: Abhängigkeit und Missbrauch. Berlin.

Cousto, H. (2016): Drogen-Mischkonsum. Das Wichtigste in Kürze zu den gängigsten (Party-)Drogen. Solothurn.

Daumann, J./Gouzoulis-Mayfrank, E. (2015): Amphetamine, Ecstasy und Designerdrogen. Stuttgart.

Deutsche Hauptstelle für Suchtfragen (DHS) (2015): Medikamentenabhängigkeit. Suchtmedizinische Reihe, Bd. 5. Hamm.

Deutsche Hauptstelle für Suchtfragen (DHS) (2017): Jahrbuch Sucht 2017. Lengerich.

Deutsche Hauptstelle für Suchtfragen (DHS) (2013): Peripher wirksame Analgetika. Unter: http://www.medikamente-und-sucht.de/interessierte-und-betroffene/medikamente-und-ihre-risiken/schmerzmittel-analgetika/peripher-wirksame-analgetika.html. (abgerufen am 03.05.2017)

Deutsche Hauptstelle für Suchtfragen (DHS): Pressemitteilung Jahrbuch Sucht 2014. Alkohol und Tabak. Der garantiert tödlich Mix. Unter: http://www.dhs.de/fileadmin/user_upload/pdf/news/2014-04-16_PM_Legale_Suchtmittel.pdf. (abgerufen am 25.05.2017).

Dilling, H./Mombour, W./ Schmidt, M.H. (Hrsg.) (2000): Internationale Klassifikation psychischer Störungen. ICD-10. Bern.

Drogenbeauftrage der Bundesregierung/Bundesministerium Gesundheit (2017): Drogen- und Suchtbericht 2017. Berlin.

Drug Scouts: Heroin. Unter: https://drugscouts.de/de/lexikon/heroin. (abgerufen am 14.06.2017).

Drug Scouts: MDMA. Unter: https://drugscouts.de/de/lexikon/mdma. (abgerufen am 03.06.2017).

Drug Scouts: Pilze/Psilos. Unter: https://drugscouts.de/de/lexikon/pilzepsilos. (abgerufen am 05.07.2017).

Drug Scouts: Speed/Pep. Unter: https://drugscouts.de/de/lexikon/speedpep. (abgerufen am 26.05.2017).

Drug Scouts: LSD. Unter: https://drugscouts.de/de/lexikon/lsd. (abgerufen am 29.07.2017).

Eggers, E.: Peppige Panzerschokolade. In: TAZ vom 28.12.2006, S. 15.Unter: http://www.taz.de/!336058/ (abgerufen am 03.06.2017).

Ehrenberg, A. (2015): Das erschöpfte Selbst: Depression und Gesellschaft in der Gegenwart. Frankfurt am Main.

Europäische Beobachtungsstelle für Drogen und Drogensucht (EMCDDA) (2017): Europäischer Drogenbericht. Trends und Entwicklungen. Lissabon.

Eve & Rave (2003): Kokain und Alkohol - Eine spezielle Kombination. Unter: https://www.eve-rave.ch/Forum/viewtopic.php?t=1224. (abgerufen am 05.07.2017).

Eve & Rave (2010): Psilocybin - Substanzinfos und Safer Use. Unter: https://www.eve-rave.ch/Forum/viewtopic.php?f=70&t=18280. (abgerufen am 26.06.2017).

Farke, W./Graß, H./Hurrelmann, K. (2003): Drogen bei Kindern und Jugendlichen. Legale und illegale Substanzen in der ärztlichen Praxis. Stuttgart.

Flammer, R. (2003): Giftpilze – Pilzgifte. Pilzvergiftungen. Ein Nachschlagewerk für Ärzte, Apotheker, Biologen, Mykologen, Pilzexperten und Pilzsammler. Basel.

Freye, E. (2014): Kokain, Ecstasy, Amphetamine und verwandte Designerdrogen: Pharmakologie, Wirkmechanismen und Vorgehen bei Intoxikation. Lengerich.

Fuente-Briones, R. d. l. (2012): Zur Chemie psychoaktiver Stoffe: Koffein, Teein, Kokain, Amphetamine, LSD, Opium, Nikotin, Alkohol und warum Marijuana, Cannabis und THC anders sind. Saarbrücken.

Gärtner, A. (2003): Cannabis – vom jugendtypischen Konsum zum problematischen Gebrauch. In: W. Farke et al. (Hrsg.): Drogen bei Kindern und Jugendlichen. Legale und illegale Substanzen in der ärztlichen Praxis. Stuttgart, 86-93.

Ganguin, S./Niekrenz, Y. (2010): Jugend und Rausch. Rauschhaftes Erleben in jugendlichen Erfahrungswelten. In: Y. Niekrenz/S. Ganguin (Hrsg.): Jugend und Rausch. Interdisziplinäre Zugänge zu jugendlichen Erfahrungswelten. Weinheim und München, 7-19.

Gebauer, G. F. (2012): Jugendkriminalität und Jugendgewalt: wie sollte die Gesellschaft reagieren? In: Die Politische Meinung Jg. 57, H. 4 [Nr. 509], 13-19.

Gerhard, H. (2014): Drogengebrauch und Lifestyle. In: B. Kastenbutt/A. Legnaro/A. Schmieder (Hrsg.): Soziale Ungleichheit und Sucht. Ursachen, Auswirkungen, Zusammenhänge. Jahrbuch Suchtforschung, Bd. 8. Berlin, 89-112.

Geschwinde, T. (2013): Rauschdrogen. Marktformen und Wirkungsweisen. Heidelberg, London und New York.

Geyer, S./Wurth, G. (2008): Rauschzeichen. Cannabis: Alles, was man wissen muss. Köln.

Global Drug Survey 2017. Unter URL: https://www.globaldrugsurvey.com/wp-content/themes/globaldrugsurvey/results/GDS2017_key-findings-report_final.pdf. (abgerufen am 05.06.2017).

Gouzoulis-Mayfrank, E. (2008): Ecstasy. In: R. Thomasius (Hrsg.): Suchtstörungen im Kindes- und Jugendalter. Das Handbuch: Grundlagen und Praxis. Stuttgart und New York, 499-506.

Gross, W. (2016): Was Sie schon immer über Sucht wissen wollten. Berlin und Heidelberg.

Haas, S. (2006): Opiate aus heutiger Sicht. In: E. Beubler/H. Haltmeyer/A. Springer (Hrsg.): Opiatabhängigkeit. Interdisziplinäre Aspekte für die Praxis. Wien, 17-21.

Härtel-Petri, R. / Haupt, H. (2014): Crystal Meth: Wie eine Droge unser Land überschwemmt. München.

Hazekamp, A. (2006): Eine Beurteilung der Qualität von medizinischem Cannabis in den Niederlanden. In: Cannabinoids. Band 1, Nr. 1, 1–10.

Hecht, A./Engfer, J./ Peter, H./Poppei, M. (Hrsg.) (1999): Schlaf, Gesundheit, Leistungsfähigkeit. Berlin und Heidelberg.

Heinrich, C. (2015): Fliegenpilz. In: W. Bauer, H. d. Vries, K. Redmann (Hrsg.): Rauschpilze: Märchen – Mythen – Erfahrungen. Solothurn, 126-147.

Hermle, L. (2008): Amphetamine. In: In: R. Thomasius (Hrsg.): Suchtstörungen im Kindes- und Jugendalter. Das Handbuch: Grundlagen und Praxis. Stuttgart und New York, 490-498.

Hessische Landesstelle für Suchtfragen e. V.: „Sucht-Selbsthilfe der freien Wohlfahrtspflege in Hessen – Erhebung 2016", *www.hls-online.org /uploads/media/LKSH-Erhebung_2015.pdf* (abgerufen am 27.12.2017)

Hößelbarth, S. (2014): Crack, Freebase, Stein. Konsumverhalten und Kontrollstrategien von Konsumenten rauschbaren Kokains. Wiesbaden.

Hoffmann, F./ Hies, M./ Glaeske, G. (2010): Regional variations of private prescriptions for non-benzodiazepine hypnotics zolpidem and zopiclone in Germany. In: Pharmacoepidemiology and Drug Safety, 19 (10), 1071-1077.

Hohmann, C. (2009): Hortensien zum Rauchen. In: Pharmazeutische Zeitung online. Ausgabe 17/2009. Unter: https://www.pharmazeutische-zeitung.de/?id=29651. (abgerufen am 30.07.2017)

Holzbach, R. (2013): Warum sind Medikamentenabhängige so selten in der Sucht-Selbsthilfe anzutreffen? Unter: www.kreuzbund-muenchen.de/wp... /Vortrag_Dr._Rüdiger_Holzbach_2013.pdf. (abgerufen am 15.05.2017).

Holzbach, R. et al. (2010): Zusammenhang zwischen Verschreibungsverhalten der Ärzte und Medikamentenabhängigkeit ihrer Patienten. In: Bundesgesundheitsblatt – Gesundheitsforschung – Gesundheitsschutz, 53(4), 319-325.

Hurrelmann, K. / Bründel, H. (1997): Drogengebrauch und Drogenmissbrauch. Eine Gratwanderung zwischen Genuß und Abhängigkeit. Darmstadt.

Hurrelmann. K./Quenzel, G. (2016): Lebensphase Jugend. Eine Einführung in die sozialwissenschaftliche Jugendforschung. Weinheim und Basel.

Illich, I. (2007): Die Nemesis der Medizin. München.

Institut für Suchtprävention Linz: Theorien der Suchtentstehung. Unter: https://www.praevention.at/sucht-vorbeugung/begriffs-und-problemdefinitionen/theorien-der-suchtentstehung.html. (abgerufen am 07.06.2017).

Iversen, L. (2008): Speed, Ecstasy, Ritalin. Amphetamine – Theorie und Praxis. Bern.

Jurk, C. (2008): Der niedergeschlagene Mensch: Depression. Geschichte und gesellschaftliche Bedeutung einer Diagnose. Münster.

Kasten, E. (2008): Die irreale Welt in unserem Kopf. Halluzinationen, Visionen, Träume. München und Basel.

Kastenbutt, B. (1998): Narzissmus und Jugendalkoholismus. Ursachen und Bedingungen des drogenhaften Alkoholkonsums bei männlichen Jugendlichen. Münster.

Kastenbutt, B. (2010): Zur Sozial- und Kulturgeschichte des Alkohol- und Hanfkonsums im Orient und Okzident. München.

Kastenbutt, B./Westen, H. (2004): Geschichtliche und aktuelle Entwicklung der Gesundheitszentren in der Bundesrepublik Deutschland in ihrer Rolle als Beratungsinstitutionen, Selbsthilfekontaktstellen und Akteure kommunaler Gesundheitsförderung. Schriftenreihe Gesundheitsforschung des Bundesministeriums für Gesundheit und Soziales. Bonn.

Kastenbutt, B./Legnaro, A./Schmieder, A. (2016): Rauschdiskurse: Drogenkonsum im kulturgeschichtlichen Wandel. Jahrbuch Suchtforschung, Bd. 8., Berlin.

Kastenbutt, B./Müller, H.-W. (2016): Alkoholabhängigkeit, Abstinenz und Suchtselbsthilfe. Analysen, Perspektiven, Handlungsempfehlungen. Norderstedt.

Kemmesies, U. E. (2004): Zwischen Rausch und Realität. Drogenkonsum im bürgerlichen Milieu. Wiesbaden.

Kielholz, P./Ladewig, D. (1973): Die Abhängigkeit von Drogen. München.

Kleiber, D./ Kovar, K. A. (1997): Auswirkungen des Cannabiskonsums. Stuttgart.

Kleiber, D./Soellner, R. (2004): In: R. Gassmann (Hrsg.): Cannabis - neue Beiträge zu einer alten Diskussion. Freiburg im Breisgau, 20-54.

Knopf, H. (2017): Arzneimittelgebrauch bei Kindern und Jugendlichen. Ergebnisse des Kinder- und Jugendgesundheitssurveys (KiGGS). In: C. Eichenberg/E. Brähler/H.-W. Hoefert (Hrsg.): Selbstbehandlung und Selbstmedikation. Göttingen, 37-48.

Koehler, T. (2008): Rauschdrogen: Geschichte, Substanzen, Wirkung. München.

Korte, S. (2007): Rauschkonstruktionen. Eine qualitative Interviewstudie zur Konstruktion von Drogenrauschwirklichkeit. Wiesbaden.

Kuntz, H, (2002): Cannabis ist immer anders: Haschisch und Marihuana: Konsum - Wirkung - Abhängigkeit - Therapie. Weinheim und Basel.

Kuntz, H. (2016): Drogen & Sucht: Alles, was Sie wissen müssen. Weinheim.

Lachenmeier, D. W./Rehm, J. (2015): Comparative risk assessment of alcohol, tobacco, cannabis and other illicit drugs using the margin of exposure approach. Unter: https://www.ncbi.nlm.nih.gov/pmc/articles/PMC4311234/. (abgerufen am 30.11.2017).

Laux, G./Dietmeier, O. (2013): Psychopharmaka. Übersichtlich und verständlich für Patienten, Angehörige und Profis in der Pflege, Berlin und Heidelberg.

Lerner, A. G./ Gelkopf, M. et al. (2000): LSD-induced hallucinogen persisting perception disorder treatment with clonidine: an open pilot study. In: Int. Clin. Psychopharmacol, 15(1), 35–37.

Lessmann, R. (2001): Zum Beispiel Kokain. Göttingen.

Linder, A. (1982): Kultischer Gebrauch psychoaktiver Pflanzen in Industriegesellschaften - kulturhistorische Interpretation. In: G. Völger/K. v. Welck (Hrsg.): Rausch und Realität. Band 3, Reinbek bei Hamburg, 1271-1282.

Löhrer, F./Berkefeld, K. (1998): Klinische Syndrome bei Nutzern pflanzlicher Suchtmittel. In: W. Pittrich (Hrsg.): Biogene Drogen – eine neue Gefahr? Münster, 35-56.

Madea, B./ Mußhoff, F (2009): K.-o.-Mittel: Häufigkeit, Wirkungsweise, Beweismittelsicherung. In: Deutsches Ärzteblatt. Jg. 106, Heft 20, 341–347.

Marx, C. (2016): Nichtorganische Schlafstörungen. Berlin und Heidelberg.

Maschewsky-Schneider, U./Sonntag, U./ Klesse, R. (1999): Das Frauenbild in der Prävention – Psychologisierung der weiblichen Gesundheit? In: E. Brähler/ H. Felde (Hrsg.): Weiblichkeit, Männlichkeit und Gesundheit. Medizinpsychologische und psychosomatische Untersuchungen. Opladen und Wiesbaden, 98-120.

Mehrkühler, C. (1999): Was ist Alkoholismus? Informationen für Betroffene, Angehörige und Therapeuten. Marburg.

Mindzone. Kokain. Unter: http://www.mindzone.info/_pdf/infomaterial/ mindzone_-_drogen-mischkonsum-info-booklet.pdf (abgerufen am 03.06.2017).

Mitscherlich, A. (1995): Krankheit als Konflikt: Studien zur psychosomatischen Medizin. Frankfurt am Main.

Neckel, S./Wagner, G. (Hrsg.) (2013): Leistung und Erschöpfung. Burn out in der Wettbewerbsgesellschaft, Frankfurt am Main.

Nutt, D/King, L./Phillips L. (2010): Drug harms in the U.K.: a multicriteria decision analysis. In: The Lancet , Volume 376 , Issue 9752 , 1558 – 1565.

Pallenbach, E./Holzbach, R. (2009): Die stille Sucht: Missbrauch und Abhängigkeit von Arzneimitteln. Stuttgart.

Petermann, F./Vaitl, D. (2014): Entspannungsverfahren: Das Praxishandbuch. Weinheim.

Pieper, W. (2009): NAZIS ON SPEED - Drogen im 3. Reich, Bd.1, Löhrbach.

Poehlke, T./Heinz, W./Stöver, H. (2016): Drogenabhängigkeit und Substitution. Berlin und Heidelberg.

Quensel, S. (2010): Das Elend der Suchtprävention. Analyse – Kritik – Alternative. Wiesbaden.

Quindeau, I. (2016): Depression und Geschlecht. Ein psychodynamischer Erklärungsversuch. In: E. Mixa et al. (Hrsg.): Un-Wohl-Gefühle. Eine Kulturanalyse gegenwärtiger Befindlichkeiten. Bielefeld, 162-176.

Rätsch, C. (2003): Coca und Kokain: Ethnobotanik, Kunst und Chemie. Aarau/Schweiz.

Ridder, M. d. (2000): Heroin: Vom Arzneimittel zur Droge. Frankfurt am Main und New York.

Robert Koch-Institut (2015): Gesundheitsberichterstattung des Bundes. Gesundheit in Deutschland. Berlin.

Roth, H. (2013): Woher die merkwürdigen Namen? Ein Streifzug durch die Geschichte einiger Natur- und Arzneistoffe. In: Deutsche Apotheker Zeitung 53. Jahrgang, Nr. 47, 88-92.

Rottenwaller, A. (2015): Ernährung und Psyche: Der Einfluss von natürlicher Nahrungsergänzung auf die gesundheitsbezogene Lebensqualität. Saarbrücken.

Ruegg, J. C. (2016): Mind & Body: Wie Gehirn und Psyche die Gesundheit beeinflussen. Stuttgart.

Scherbaum, N. (2017): Das Drogentaschenbuch. Stuttgart.

Scherbaum, N./Thoms, E. (2016): Polytoxikomanie. In. A. Batra/O. Bilke-Hentsch (Hrsg.): Praxisbuch Sucht: Therapie der Suchterkrankungen im Jugend- und Erwachsenenalter. Stuttgart und New York, 226-231.

Schmidbauer, W./ Scheidt, J. v. (1989): Handbuch der Rauschdrogen. Frankfurt am Main.

Schmieder, A. (1992): Sucht: Normalität der Abwehr. Freiburg im Breisgau.

Schneider, A. /Pfützer, R.H./Singer, M. V. (2005): Alkoholische Pankreatitis. In: Singer, M. V./Teyssen, S. (Hrsg.): Alkohol und Alkoholfolgekrankheiten. Grundlagen – Diagnostik – Therapie. Heidelberg, 217-222.

Schröder, B. (1993): Heroin. Reinbek bei Hamburg.

Schübel, T. (2016): Grenzen der Medizin. Zur diskursiven Konstruktion medizinischen Wissens über Lebensqualität. Wiesbaden.

Schweer, T./Strasser, H. (1994): Cocas Fluch. Die gesellschaftliche Karriere des Kokains. Opladen.

Siegrist, J. (2015): Arbeitswelt und stressbedingte Erkrankungen: Forschungsevidenz und präventive Maßnahmen. München.

Sobisch, N. (2017): Opioid-Krise in den USA Schmerzmittel als Einstiegsdroge. Deutschlandfunk vom 25.05.2017 unter URL: www.deutschlandfunkkultur.de/opioid-krise-in-den-usa-schmerzmittel-als-einstiegsdroge.1076.de.html?dram:article_id=387052. (abgerufen am 26.05.2017)

Soyka, M. (2016): Medikamentenabhängigkeit: Entstehungsbedingungen - Klinik - Therapie. Stuttgart.

Soyka, M./ Küfner, H./Feuerlein, W. (2008): Alkoholismus - Mißbrauch und Abhängigkeit: Entstehung - Folgen. Stuttgart und New York.

Springer, A. (1989): Kokain: Mythos und Realität. Wien/München.

Stafford, P. (1980): Psilocybin und andere Pilze. Informationsreihe Drogen, Band 4, Linden.

Steinberger, K. (2006): Abhängigkeit in der Adoleszenz. In: E. Beubler/H. Haltmeyer/A. Springer (Hrsg.): Opiatabhängigkeit. Interdisziplinäre Aspekte für die Praxis. Wien, 45-50.

Stöver, H./ Prinzleve, M. (Hrsg.) (2004): Kokain und Crack. Pharmakodynamiken, Verbreitung und Hilfeangebote. Freiburg.

Stöver, H./Dichtl, A./Graf, N. (2017): Crystal Meth: Prävention, Beratung und Behandlung. Frankfurt am Main.

Süddeutsche Zeitung vom 21. November 2013: Antidepressiva werden viel zu leichtfertig verschrieben.

Täschner, K.-L./Richtberg, W. (1988): Koka und Kokain : Konsum u. Wirkung. Wiesbaden.

Täschner, K.-L./Wiesbeck, G. A. (1991): Verbreitung, pharmakologische Grundlagen und Wirkungen des Heroins. In: Dtsch. Med. Wischr., 116, 1640-1645.

Teuscher, E./Lindequist, U. (2011): Biogene Gifte: Biologie – Chemie – Pharmakologie. Stuttgart

Tretter, F. (2016): Suchtmedizin kompakt: Suchtkrankheiten in Klinik und Praxis. Stuttgart.

Thüringer Landesstelle für Suchtfragen e.V. (2013): Erhebung der Suchtselbsthilfe in Thüringen 2013, http://tls-suchtfragen.de/wp-content/uploads/2014/02/Broschuere_SSHErhebung_2013.pdf (abgerufen am 27.12.2017)

Wellemann, S./Sauer, O. (2001): Drogen: Eigenschaften, Wirkungen, Intoxikationen. Mainz.

Wiesbeck. G. A (2017): Kokainabhängigkeit. Stuttgart.

Wirth, N. (2001): Ecstasy, Mushrooms, Speed & Co.: Das Info-Buch. Berlin.

Wolke, W./Cherniak, L. (1997): Opium, Morphium und Heroin. Informationsreihe Drogen. Berlin.

World Health Organization (2014): Global status report on alcohol and health 2014. Geneva/Switzerland.

World Health Organization (WHO) (2005): ICF – Internationale Klassifikation der Funktionsfähigkeit, Behinderung und Gesundheit. Genf.

Zeit Online (2017): Drogenbericht 2017. Unter: http://www.zeit.de/wissen/gesundheit/2017-05/drogen-drogenbericht-2017-konsum-global-drug-survey. (abgerufen am 29.05.2017).

Zimmer, L./Morgan, J. P./Bröckers, M. (2004): Cannabis Mythen – Cannabis Fakten. Eine Analyse der wissenschaftlichen Diskussion. Solothurn.

Anhang 1:

Grundauswertungen

Befragung von Suchtselbsthilfegruppen im Jahr 2017

Thema: Neue Süchte

1. Seit wann sind Sie Mitglied in einer Suchtselbsthilfegruppe:

	Häufigkeit	Prozent	Gültige Prozente	Kumulierte Prozente
1962	2	0,3	0,3	0,3
1963	1	0,2	0,2	0,5
1964	1	0,2	0,2	0,7
1968	2	0,3	0,3	1,0
1973	1	0,2	0,2	1,1
1974	1	0,2	0,2	1,3
1976	1	0,2	0,2	1,5
1978	2	0,3	0,3	1,8
1979	3	0,5	0,5	2,3
1980	2	0,3	0,3	2,6
1981	5	0,8	0,8	3,4
1982	3	0,5	0,5	3,9
1983	5	0,8	0,8	4,7
1984	10	1,5	1,6	6,4
1985	10	1,5	1,6	8,0
1986	7	1,1	1,1	9,1
1987	9	1,4	1,5	10,6
1988	8	1,2	1,3	11,9
1989	5	0,8	0,8	12,7
1990	6	0,9	1,0	13,7
1991	9	1,4	1,5	15,1
1992	10	1,5	1,6	16,8
1993	7	1,1	1,1	17,9
1994	7	1,1	1,1	19,1
1995	6	0,9	1,0	20,0
1996	9	1,4	1,5	21,5
1997	10	1,5	1,6	23,1
1998	14	2,2	2,3	25,4
1999	11	1,7	1,8	27,2
2000	15	2,3	2,4	29,6
2001	8	1,2	1,3	30,9
2002	15	2,3	2,4	33,4
2003	8	1,2	1,3	34,7
2004	13	2,0	2,1	36,8
2005	16	2,5	2,6	39,4
2006	21	3,2	3,4	42,8

2007	25	3,9	4,1	46,9
2008	13	2,0	2,1	49,0
2009	16	2,5	2,6	51,6
2010	27	4,2	4,4	56,0
2011	18	2,8	2,9	59,0
2012	27	4,2	4,4	63,4
2013	29	4,5	4,7	68,1
2014	44	6,8	7,2	75,2
2015	38	5,9	6,2	81,4
2016	52	8,0	8,5	89,9
2017	62	9,6	10,1	100,0
Fehlend				
Gesamt	648	100,0	100,0	

2. Bitte geben Sie Ihr Geschlecht an:

	Häufigkeit	Prozent	Gültige Prozente	Kumulierte Prozente
weiblich	273	42,1	42,9	42,9
männlich	364	56,2	57,1	100,0
Fehlend	11	1,7		
Gesamt	648	100,0	100,0	

Geschlecht

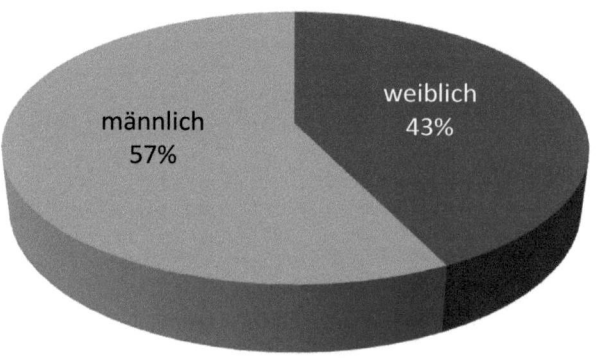

3. Wie alt sind Sie?

	Häufigkeit	Prozent	Gültige Prozente	Kumulierte Prozente
jünger als 25 Jahre	3	0,5	0,5	0,5
25 bis 34 Jahre	19	2,9	2,9	3,4
35 bis 44 Jahre	45	6,9	7,0	10,4
45 bis 54 Jahre	122	18,8	18,9	29,3
55 bis 64 Jahre	232	35,8	36,0	65,3
65 bis 74 Jahre	176	27,2	27,3	92,6
älter als 74 Jahre	48	7,4	7,4	100,0
Fehlend	3	0,5		
Gesamt	648	100,0	100,0	

Alter

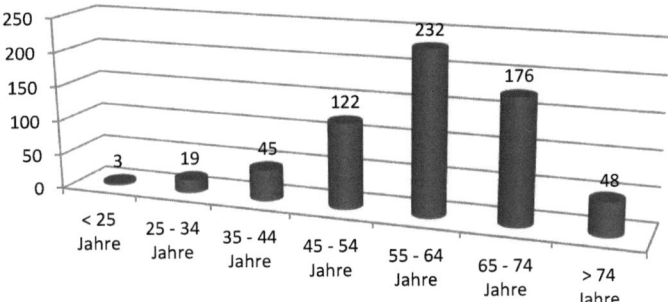

4. Wie ist Ihr Familienstand?

	Häufigkeit	Prozent	Gültige Prozente	Kumulierte Prozente
ledig	78	12,0	12,1	12,1
verheiratet	383	59,1	59,7	71,8
Lebenspartnerschaft	36	5,6	5,6	77,4
geschieden	78	12,0	12,1	89,6
verwitwet/verwitwert	67	10,3	10,4	100,0
Fehlend	6	0,9		
Gesamt	648	100,0	100,0	

Familienstand

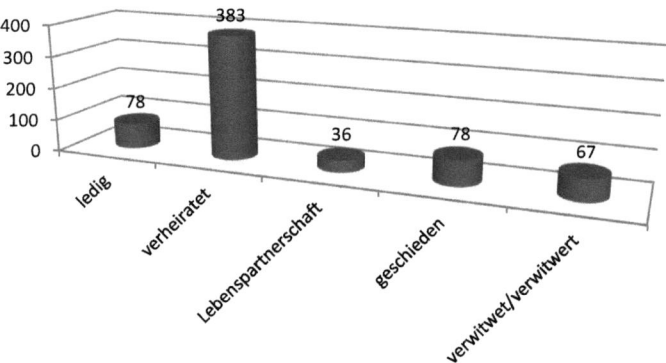

5. Über welchen Schulabschluss verfügen Sie?

	Häufigkeit	Prozent	Gültige Prozente	Kumulierte Prozente
keinen Schulabschluss	5	0,8	0,8	0,8
Förderschulabschluss	3	0,5	0,5	1,2
Hauptschulabschluss	304	46,9	47,1	48,4
Realschulabschluss	213	32,9	33,0	81,4
Fachabitur	35	5,4	5,4	86,8
Abitur	60	9,3	9,3	96,1
anderen Schulab-schluss	25	3,9	3,9	100,0
Fehlend	3	0,5		
Gesamt	648	100,0	100,0	

Schulabschluss

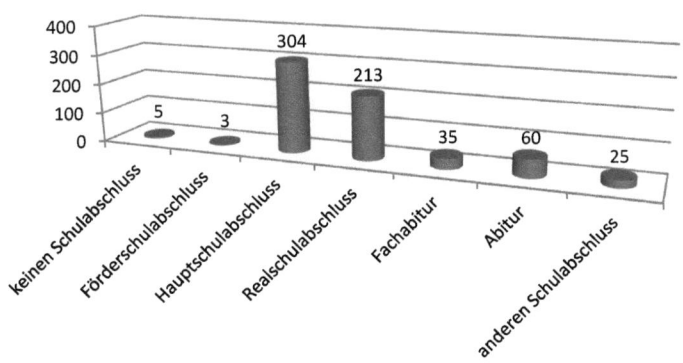

6. Über welchen Berufsabschluss verfügen Sie?

	Häufigkeit	Prozent	Gültige Prozente	Kumulierte Prozente
keinen Berufsabschluss	65	10,0	10,1	10,1
abgeschlossene Lehre	393	60,6	61,2	71,3
Fachschulabschluss	73	11,3	11,4	82,7
Fachhochschulabschluss	29	4,5	4,5	87,2
Hochschulabschluss	28	4,3	4,4	91,6
anderen Berufsausbildungs-abschluss	54	8,3	8,4	100,0
Fehlend	6	0,9		
Gesamt	648	100,0	100,0	

Berufsabschluss

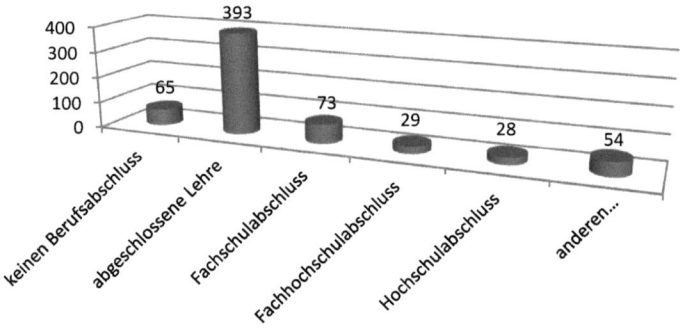

7. In welchem Verband ist Ihre Selbsthilfegruppe organisiert?

	Häufigkeit	Prozent	Gültige Prozente	Kumulierte Prozente
Blaues Kreuz	46	7,1	7,2	7,2
Guttempler	162	25,0	25,3	32,4
Kreuzbund	233	36,0	36,3	68,8
Freundeskreise	195	30,1	30,4	99,2
anderer Verband	5	0,8	0,8	100,0
Fehlend	7	1,1		
Gesamt	648	100,0	100,0	

Selbsthilfegruppe

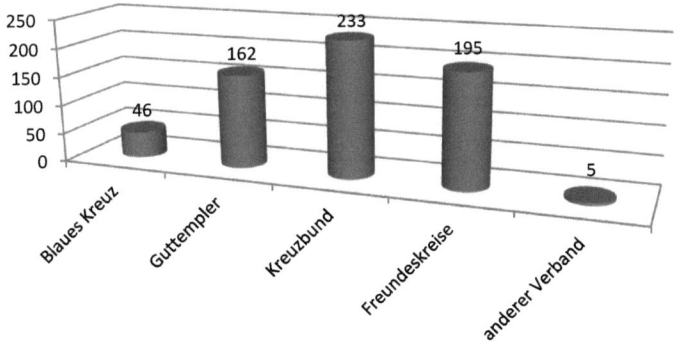

8. Sind Sie als Gruppenmitglied betroffen oder mitbetroffen:

	Häufigkeit	Prozent	Gültige Prozente	Kumulierte Prozente
betroffen	481	74,2	75,4	75,4
mitbetroffen	141	21,8	22,1	97,5
betroffen und mitbetroffen	16	2,5	2,5	100,0
Fehlend	10	1,5		
Gesamt	648	100,0	100,0	

Betroffenheit

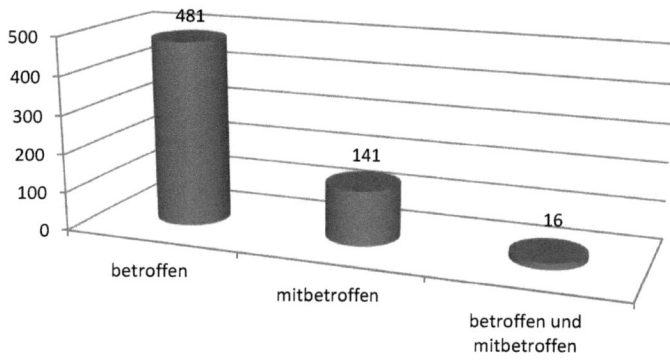

9. Wenn Sie betroffen sind, um welche Form der Abhängigkeit handelt es sich bei Ihnen hauptsächlich?[23]

	Häufigkeit	Prozent	Gültige Prozente	Kumulierte Prozente
Alkoholabhängigkeit	439	67,7	95,2	95,2
Medikamentenabhängigkeit	2	0,3	0,4	95,6
Drogenabhängigkeit	17	2,6	3,7	99,3
stoffungebundene Abhängigkeit	3	0,5	0,7	100,0
Fehlend	187	28,9		
Gesamt	648	100,0	100,0	

Form der Abhängigkeit

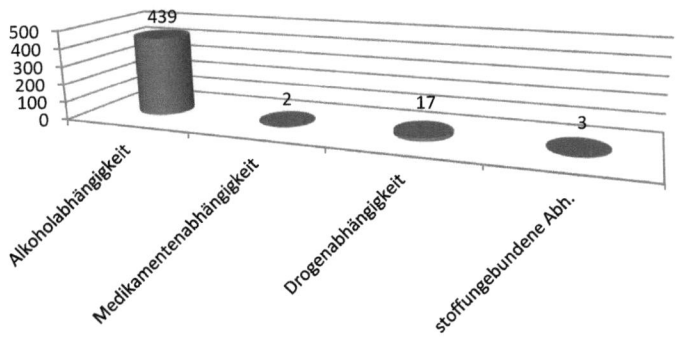

---

[23] Bei Frage 9 und der folgenden Frage 10 kam es zu einer Vielzahl unklarer Antworten. Die Aussagen hinsichtlich der Dominanz der Alkoholsucht in den Selbsthilfegruppen blieb davon allerdings unberührt. Für Aussagen hinsichtlich der Mehrfachabhängigkeit sei auf Frage 13 verwiesen

10. Was haben Sie neben Ihrer hauptsächlichen Abhängigkeit noch konsumiert?

Nebenkonsum

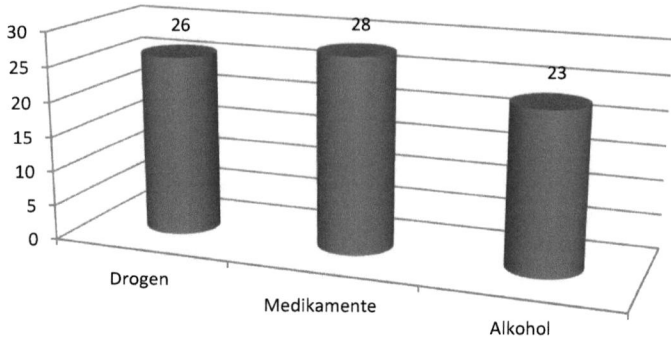

11. Frage an Drogenabhängige: Welche Substanzen haben Sie konsumiert?

Welche Drogen?

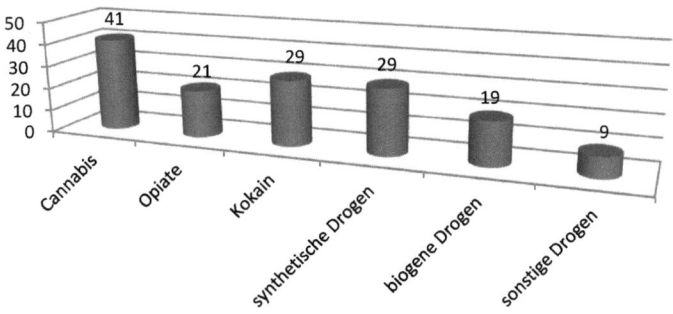

sonstige Drogen: LSD *(3 mal)*, Nikotin *(2 mal)*, Meskalin, Benzos, Muskatnuss, Engelstrompeten

12. Frage an Medikamentenabhängige: Welche Medikamente haben Sie konsumiert?

Welche Medikamente?

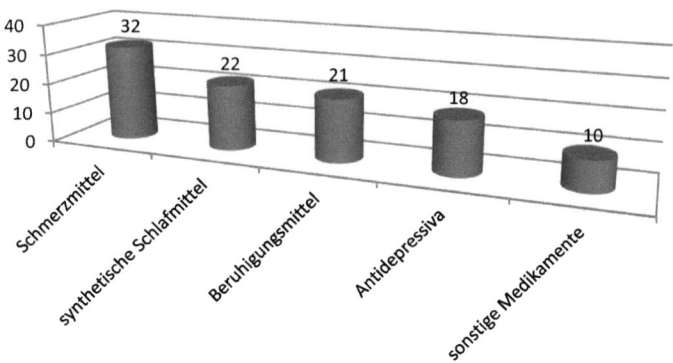

sonstige Medikamente: Subutex *(2 mal)*, Valium, Methadon, Paracetamol. Doxepin, Tramal. Rheumamittel, Baldriantropfen, Benzos

13. Würden Sie sich selbst als Mehrfachkonsumenten bezeichnen?

	Häufigkeit	Prozent	Gültige Prozente	Kumulierte Prozente
Ja	57	8,8	13,6	13,6
Nein	352	54,3	84,2	97,8
nicht sicher	9	1,4	2,2	100,0
Fehlend	230	35,5		
Gesamt	648	100,0	100,0	

Mehrfachkonsument?

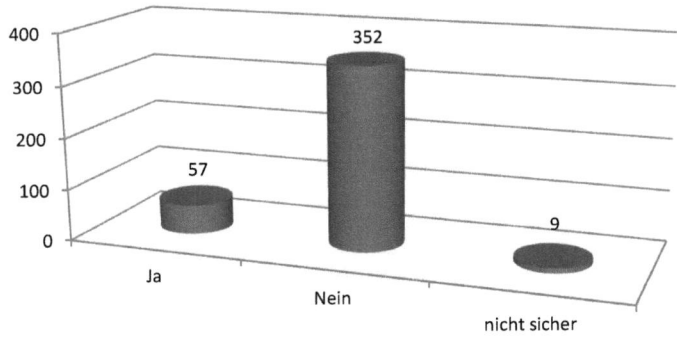

14. Welchen Stellenwert messen Sie dem Thema „Alkohol" in der
    Gruppenarbeit bei?

	Häufigkeit	Prozent	Gültige Prozente	Kumulierte Prozente
sehr großen Stellenwert	256	39,5	41,2	41,2
großen Stellenwert	311	48,0	50,1	91,3
bin mir nicht sicher	26	4,0	4,2	95,5
geringen Stellenwert	25	3,9	4,0	99,5
sehr geringen Stellenwert	3	0,5	0,5	100,0
Fehlend	27	4,2		
Gesamt	648	100,0	100,0	

Stellenwert des Themas „Alkohol"

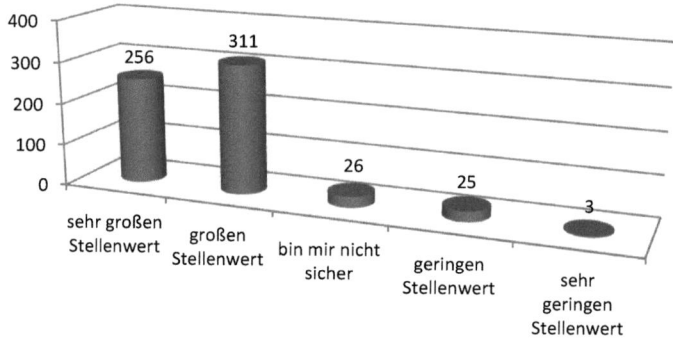

15. Über welche Süchte wird in der Gruppe vor allem diskutiert?

Gruppendiskussion über Süchte

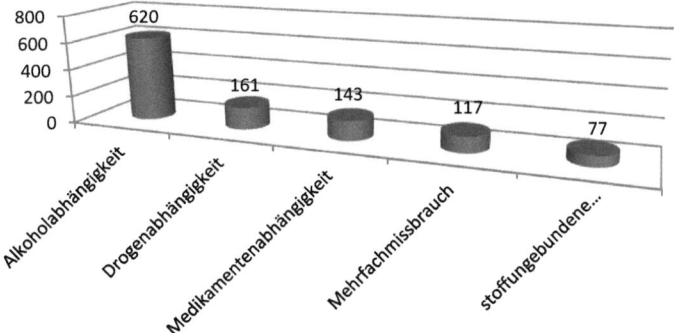

16. Welche Formen der Abhängigkeit interessieren Sie als Gruppenmitglied besonders?

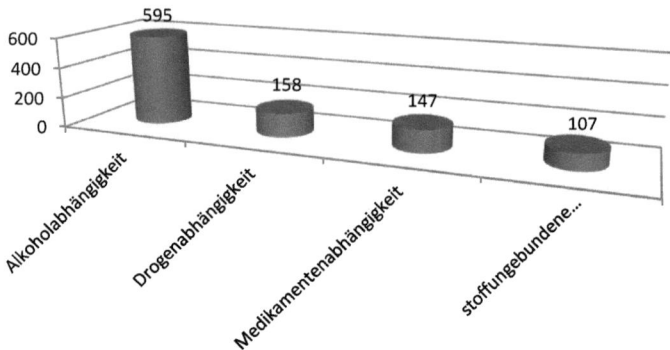

Interesse an Formen von Abhängigkeit

17. Inwieweit sehen Sie Gemeinsamkeiten, wenn es um die Ursachen von Alkoholabhängigkeit und Drogenabhängigkeit geht?

	Häufigkeit	Prozent	Gültige Prozente	Kumulierte Prozente
viele gemeinsame Ursachen	470	72,5	76,8	76,8
wenig gemeinsame Ursachen	41	6,3	6,7	83,5
keine gemeinsamen Ursachen	9	1,4	1,5	85,0
keine Meinung	92	14,2	15,0	100,0
Fehlend	36	5,6		
Gesamt	648	100,0	100,0	

Gemeinsame Ursachen?

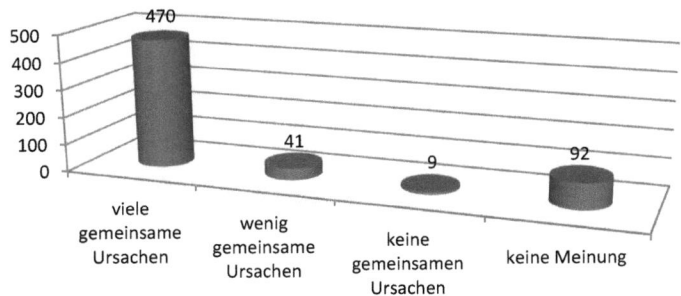

18. Wenn es um die Öffnung Ihrer Gruppe für neue Süchte geht, welche Betroffenen wären Sie bereit aufzunehmen?

Öffnung der Gruppe, für wen?

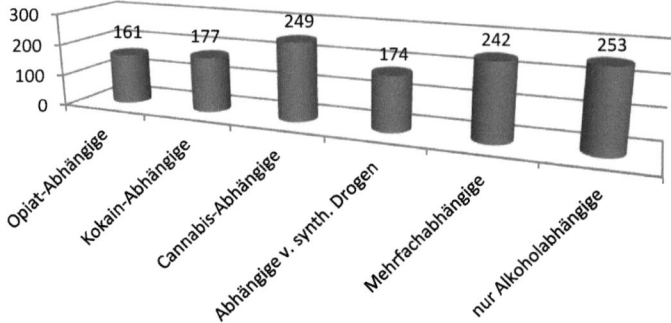

19. Sind in Ihrer Selbsthilfegruppe bereits Betroffene, die Drogen konsumiert haben?

	Häufigkeit	Prozent	Gültige Prozente	Kumulierte Prozente
Ja	286	44,1	47,2	47,2
Nein	320	49,4	52,8	100,0
Fehlend	42	6,5		
Gesamt	648	100,0	100,0	

Drogenkonsumenten in der Gruppe?[24]

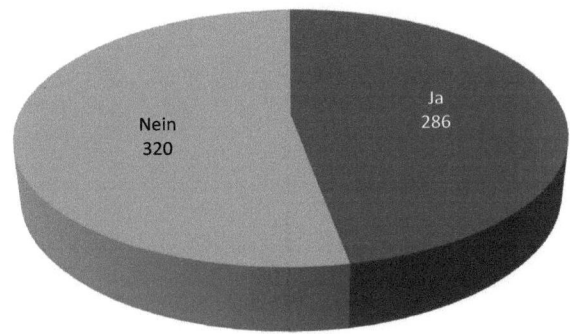

---

[24] Die hohe Anzahl derer, die bereits Drogenkonsumenten in ihrer Gruppe haben, erklärt sich daraus, dass ein Drogenabhängiger in einer Gruppe dazu führt, dass viele andere Gruppenmitglieder in dieser Gruppe die Frage mit „Ja" beantworten müssen.

20. Wenn ja, inwieweit nehmen Sie die Betroffenen als bereichernd für das Gruppenleben wahr?

	Häufigkeit	Prozent	Gültige Prozente	Kumulierte Prozente
sehr bereichernd	106	16,4	35,3	35,3
bereichernd	122	18,8	40,7	76,0
teils/teils	55	8,5	18,3	94,3
wenig bereichernd	13	2,0	4,3	98,7
gar nicht bereichernd	4	0,6	1,3	100,0
Fehlend	348	52,7		
Gesamt	648	100,0	100,0	

Bereicherung durch Drogenabhängige

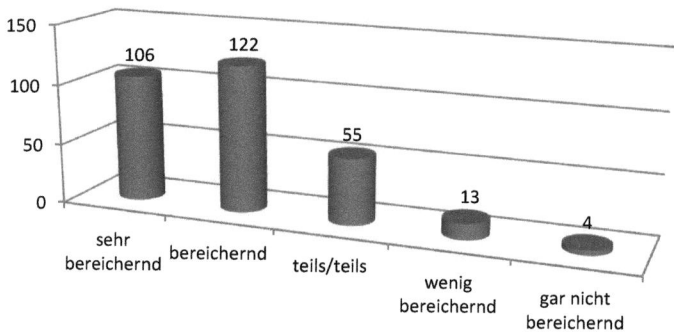

21. Was könnte dazu beitragen, das Thema „Neue Süchte" in Ihrer Selbsthilfe
gruppe besserbekannt zu machen?

Wie „Neue Süchte" bekanntmachen?

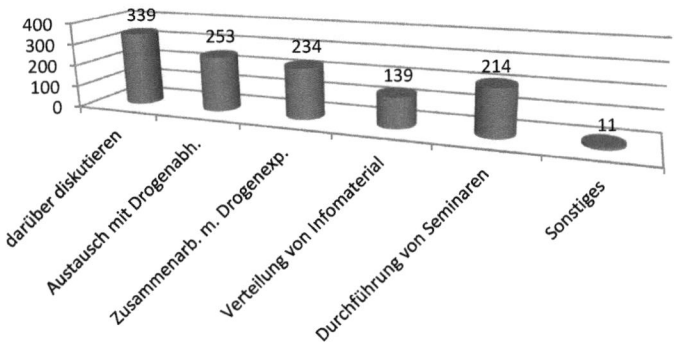

Sonstiges: Interesse an Weiterbildung mangelhaft, da zu hoher Zeitaufwand;
keine Änderung; Abhängige aus Klinik in die Gruppe einladen; Gruppe in der
Klinik vorstellen; Wollen wir in unserer Gruppe eine Erweiterung?; Abhängige,
die sich in diesen Süchten auskennen; mehr Öffentlichkeitsarbeit; indem mehr
Menschen mit anderen Suchterkrankungen in die Gruppe kommen; Grundwis-
sen erweitern: Alkohol ist auch nur eine Droge; schriftliche Informationen; Habe
hier genug Experten

22. Wie wichtig ist Ihnen Ihre Selbsthilfegruppe, wenn es um das abstinentes Leben geht?

	Häufigkeit	Prozent	Gültige Prozente	Kumulierte Prozente
sehr wichtig	437	67,4	69,8	69,8
wichtig	170	26,2	27,2	97,0
bin mir nicht sicher	13	2,0	2,1	99,0
unwichtig	2	0,3	0,3	99,4
sehr unwichtig	4	0,6	0,6	100,0
Fehlend	22	3,4		
Gesamt	648	100,0	100,0	

Wichtig: SHG bei abstinentem Leben

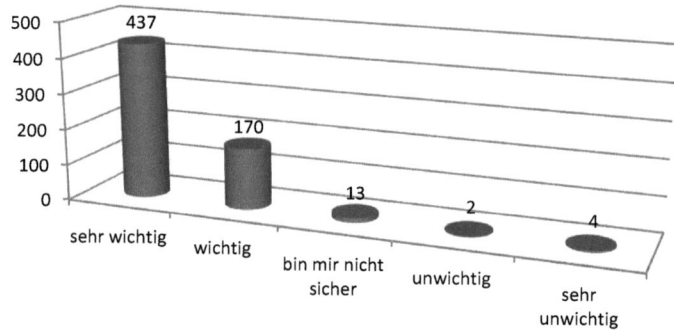

23. Welche Bedeutung messen Sie der Einbindung von Drogenabhängigen in die Arbeit der eigenen Selbsthilfegruppe bei?

	Häufigkeit	Prozent	Gültige Prozente	Kumulierte Prozente
sehr große Bedeutung	95	14,7	16,0	16,0
große Bedeutung	199	30,7	33,6	49,7
bin mir nicht sicher	202	31,2	34,1	83,8
geringe Bedeutung	66	10,2	11,1	94,9
sehr geringe Bedeutung	30	4,6	5,1	100,0
Fehlend	56			
Gesamt	648	100,0	100,0	

Bedeutung: Drogenabhängige in eigener SHG

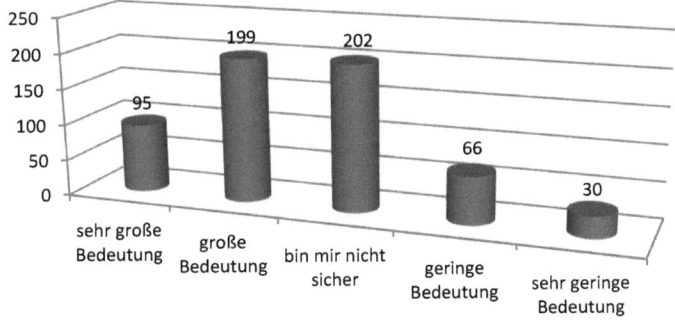

24. Worin zeichnen sich für Sie die Stärken der Hilfe zur Selbsthilfe aus, wenn es um die Einbindung von Drogenabhängigen in die Gruppenarbeit geht?

Stärken der SHG bzgl. Drogenabhängigen

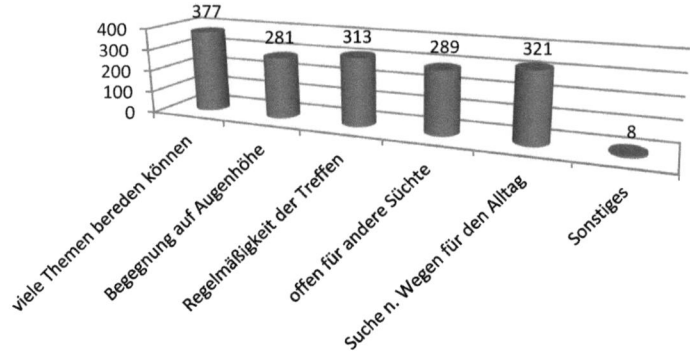

Sonstiges: Alkohol- und Drogenabhängige sollten in getrennten Gruppe arbeiten *(2 mal)*; Alkoholsucht und Drogen sind zwei Paar Schuh; Überforderung der Alkoholabhängigen; zu wenig Wissen; kann dazu nichts sagen; Wer ins Meeting geht, hat gut Chancen dran zu bleiben; Wir haben keine Drogenabhängige

25. Was könnte die Suchtselbsthilfe tun, um mehr junge Suchtkranke für ihre
Arbeit zu gewinnen?

Attraktivität für junge Suchtkranke

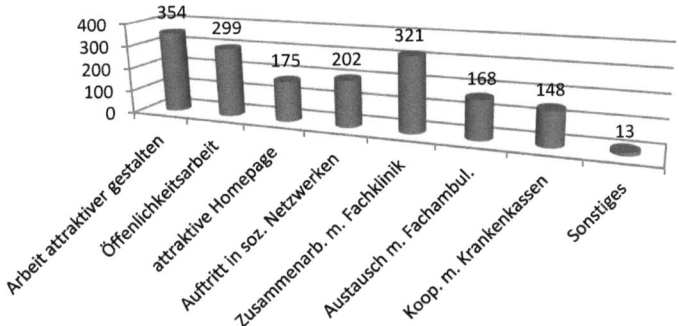

Sonstiges: Präventionsveranstaltungen in Schulen *(2 mal)*; ab 11. Klasse in
Schulen gehen; Zusammenarbeit mit Jugendämtern; herausfinden, was junge
Menschen wollen; wann würden junge Menschen kommen; „junge Gruppen";
Werbung; Werbung im Fernsehen; Kooperation mit Beratungsstellen; Feiern
aufpeppen, mit „kein schöner Land" laufen junge Leute davon; anbieten; ich bin
zu alt

26. Was halten Sie für wichtig, um die Arbeit der Suchtselbsthilfe auch in Zukunft attraktiv zu gestalten?

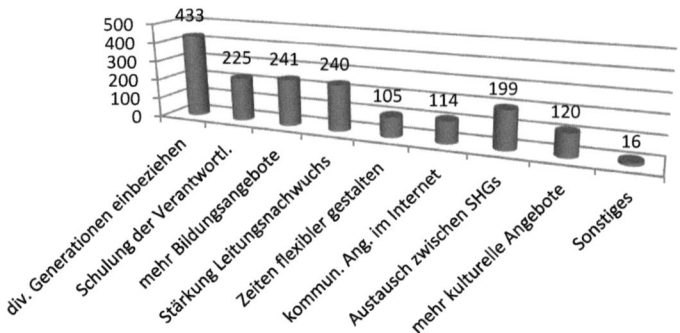

Attraktivität der Suchtselbsthilfe

Sonstiges: Alles Gut; Betroffene in Schulen einladen; Selbsthilfegruppentage; SHG auch für ausländische Mitbürger mit Sprachproblemen beim Deutsch öffnen; Werbung; Werbung in Schulen; Werbung im Fernsehen; Freizeitaktivitäten; *Kommentare zur unseren Fragen*; Regelmäßige externe Beratung; Einbindung von Menschen mit anderen Sucherfahrungen in die Gruppenleitungen, Die Wichtigkeit der Selbsthilfe sollte in der Gesellschaft höher angesiedelt werden; Selbsthilfe als etwas sehr wichtiges zum zufriedenen drogenfreien Leben bekannt machen; Ärzte mehr mit den Selbsthilfegruppen zusammenarbeiten; Es funktioniert über drei Generationen; Wir sind eine altermäßig sehr gemischte Gruppe; „New-Generations"-Gruppe;

27. Wenn es um die Zukunft Ihrer Gruppe geht, was würden Sie sich wünschen?

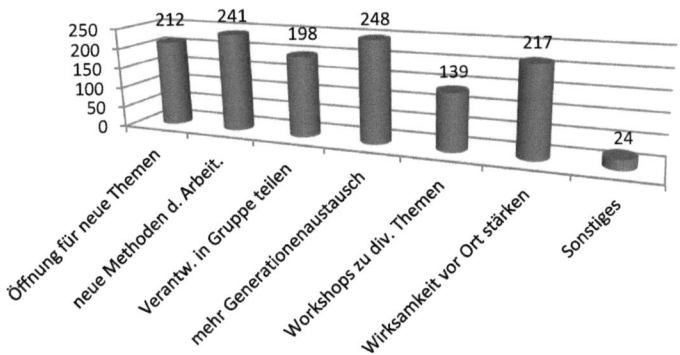

Sonstiges: Alles in Ordnung *(10 mal)*; Wahrnehmung kultureller Angebote; gemeinsames Feiern; zeitlich regulierte Referate für Schulen und IHK; *Kommentar*; alle genannten Themen werden schon durchgeführt; nichts; Kooperation mit Beratungsstellen; Austausch mit anderen SHGs; Anerkennung durch Fachkliniken, insbesondere durch die leitenden Ärzte; Das die Arbeit der Gruppe so intensiv bleibt; regionale Gruppentreffen; Mehr Informationen; Einblick in die Computer-Sucht; Abwechslungsreicher Austausch durch Zuwachs, d.h. neue Impulse

28. Welche Änderungen in der Arbeitsweise Ihrer Suchtselbsthilfegruppe halten Sie für notwendig?

Änderungen der Arbeitsweise

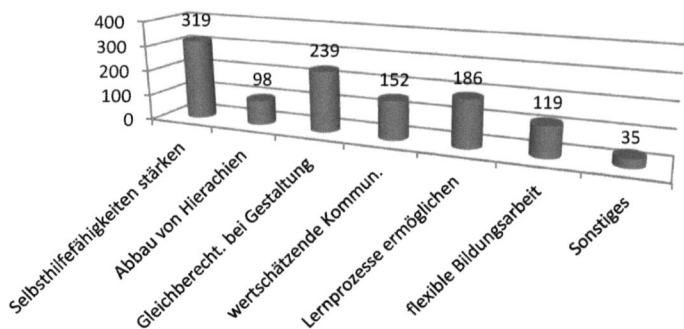

Sonstiges: Alles Gut *(10 mal)*; keine Änderungen *(8 mal)*; alles Erwähnte schon längst erfüllt *(2 mal)*; intensives Reden über einzelne Themen; Mehr Unterstützung und Absicherung bei Veranstaltungen; Mehr Engagement notwendig; Beschäftigung mit nicht suchtgebundenen Themen; Wahrnehmung kultureller Angebote; gemeinsame Feiern; Reflexion der Gruppenarbeit; Arbeit Ehrenamtlicher belohnen; Gruppenleitungen zeitlich auffrischen; Rotation von Gruppenämtern; Kein Verbesserungspotential, da optimale Arbeit; Öffnung nach außen; Den Zeitfaktor im Auge behalten, da sonst neue Treffen und Zusammenkünfte scheitern; die langweilige Sitzkreisbildung abschaffen;

Anhang 2:

zusammenfassende Tabellen zu den Interviews

Auswertung der Einzelinterviews mit zwei Mehrfachbetroffenen

Unterschiede zwischen Jung und Alt in den SHG	Zwar dominiert die ältere Generation in den SHG, was aber von beiden Interviewten nicht negativ bewertet wird, da man ihrer Ansicht nach von älteren Gruppenmitgliedern lernen kann und auch Unterstützung erfährt.
Selbsthilfe noch zu sehr auf das Thema *Alkohol* fixiert?	Das Thema dominiert weiterhin in den Selbsthilfegruppen, da die meisten Gruppenmitglieder alkoholabhängig sind. Das Thema *Alkohol* spielt nicht nur in der Gruppen-, sondern auch in der Seminararbeit eine bedeutende Rolle. Die eigene Gruppe ist aber auch für neue Suchtformen offen und interessiert.
Wahrnehmung des Themas *Neue Süchte* in den Gruppen	Das Thema führt noch ein Schattendasein in der Suchtselbsthilfe.
Inwieweit existieren Vorbehalte im Verband gegenüber jungen Betroffenen mit anderen Substanzproblemen?	Ältere Gruppenmitglieder zeigen Berührungsängste, wobei die Beschaffungskriminalität eine Rolle spielt. Aufklärungsarbeit wird von beiden Interviewten für wichtig gehalten. Neues Denken bezüglich anderer Suchtformen wird gewünscht, um auch jungen Betroffenen eine Chance zu geben.
Sind die Gruppenstrukturen der SHG überholt?	Gruppenstrukturen sind zum Teil überholt, da Themen und Angebote für jüngere Betroffene fehlen. In der eigenen Gruppe sieht es hingegen anders aus, da hier schon positive Umbrüche und Veränderungen feststellbar.
Welche Strukturen sollten verändert werden?	Nicht nur Gruppenarbeit im herkömmlichen Sinne, sondern auch kulturelle und lernspezifische Angebote. Junge Betroffene haben Interesse an der Verbindung von Seminar- und Kulturarbeit.
Wie lassen sich mehr junge Betroffene gewinnen?	Mehr Offenheit und mehr Flexibilität, mehr Aufklärungsarbeit. Junge Betroffene stärker in die Arbeit der SHG einbinden. Aufklärung sollte bereits in der Therapie erfolgen, um neue Mitglieder zu gewinnen.
Wie sollten die Gruppenangebote für sie aussehen?	Neben der konventionellen Gruppenarbeit auch spezielle Angebote für die jüngere Generation schaffen. Gemischte Gruppe kann gut sein, aber auch Gruppenangebote nur für Jüngere vorhalten, soweit dies machbar. Flexibel entscheiden, was vor Ort möglich ist. Lokale/regionale Gruppen sollen sich in dieser Hinsicht abstimmen.

Auswertung der Interviews mit Regionalbegleitern und AG-Leitern

Fragen	Person A	Person B	Person C	Person D
Inwieweit sehen Sie Unterschiede im Suchtverhalten der jungen und älteren Generation?	Ältere Generation hat vornehmlich Alkohol konsumiert, jüngere neben Alkohol auch anderen Drogen	Unterschiedliche Lebensweisen spielen für die Suchtentwicklung eine zentrale Rolle	Mehrfachkonsum dominiert bei den Jüngeren. Es kommen oft noch psychische Erkrankungen hinzu	Bei Jüngeren zunehmend Mehrfachmissbrauch, von Drogen, bei Älteren dominierte der Alkohol
Ist die Suchtselbsthilfe noch zu sehr auf das Thema „Alkohol" fixiert?	Alkohol steht noch zu sehr im Mittelpunkt der Gruppenarbeit	Die Gruppen in der Region sind breit aufgestellt und nicht nur auf Alkohol fixiert	Das Thema „Alkohol" dominiert in den meisten Gruppen	Das Thema Alkohol steht im Vordergrund der Gruppenarbeit
Wie sieht es mit der Wahrnehmung des Themas „neue Süchte" in den Gruppen aus?	Neue Süchte werden zwar angesprochen, Thema ist aber älteren Gruppenmitgliedern relativ schwer zu vermitteln	Das Thema „neue Süchte" wird zwar angenommen, aber Aufklärungsarbeit ist dennoch weiterhin notwendig	Das Thema wird zwar in den Gruppen diskutiert, aber weniger intensiv. Mittlere Generation der Gruppenmitglieder ist für das Thema offene als ältere	Über neue Süchte wird allgemein zu wenig diskutiert
Inwieweit sehen Sie in Ihrem Verband Vorbehalte gegenüber Betroffenen mit anderen Süchten?	Kaum Vorbehalte, aber ältere Gruppenmitglieder können mit dem Thema zum Teil schlecht umgehen	Zwar keine Ängste bei älteren Gruppenmitgliedern, jedoch Vorbehalte, wenn Beschaffungskriminalität im Hintergrund	Die mittlere Generation der Gruppenmitglieder ist für das Thema offener, ältere wollen davon oftmals nichts wissen	Ältere wollen sich nicht auf neue Süchte konzentrieren
Sind die heutigen Gruppenstrukturen der Suchtselbsthilfe überholt?	Gruppenstrukturen laufen heute nicht mehr unbedingt nach „Schema F"	Für die Gruppenarbeit mit jungen Betroffenen reichen die vorhandenen Gruppenstrukturen aus	Zum Teil überholt. Veränderungen ergeben sich aber nur langsam	Alte Strukturen weiterhin aktiv
Was sollte sich verändern, wenn Sie an die jüngere Generation denken?	Verband muss sich stärker für jüngere Gruppenmitglieder öffnen	Angebote für Jüngere mit Mehrfachkonsum verstärken, Aufklärungsarbeit und Kooperation mit anderen Institutionen	Neue und separate Gruppen mit „alten Hasen" wären vielleicht eine Lösung	Mehr Bildungsarbeit und Aufklärung
Wie lassen sich mehr junge Betroffene gewinnen?	Jüngere dort abholen, wo sie stehen, ihre Sprache sprechen	Kontakte über lokale Drogenberatungsstelle knüpfen, verstärkte Öffentlichkeitsarbeit	Öffentlichkeitsarbeit muss verstärkt angegangen werden	Durch mehr Öffentlichkeits- und Kulturarbeit
Wie könnten Gruppenangebote für sie aussehen?	Mit Jüngeren nicht nur über Sucht, sondern auch über andere Themen sprechen	Soziale Integration als wichtiges Moment, da junge Generation Halt im Leben sucht	Jüngere stärker integrieren, ihnen aber auch Verantwortung zugestehen	Jüngere könnten wichtige Positionen übernehmen

Auswertung der Ergebnisse eines Gruppeninterviews mit jungen Suchtkranken zum Thema Neue Süchte

Unterschiede zwischen Jung und Alt in den SHG	Die Suchtproblematik jüngerer Betroffener wird in den Gruppen zu wenig diskutiert. Die junge Generation führt in der Suchtselbsthilfe noch ein Nischendasein.
Selbsthilfe noch zu sehr auf „Alkohol" fixiert?	Das Thema „Alkohol" steht zu sehr im Zentrum der Gruppenarbeit. Jüngere Betroffene verstehen nicht, warum so stark zwischen Alkohol- und Drogenabhängigkeit unterschieden wird.
Wahrnehmung des Themas „neue Süchte" in den Gruppen	Das Thema „neue Süchte" wird in den Gruppen zu wenig wahrgenommen. Über „Mehrfachmissbrauch" wird kaum diskutiert. Besonders die Basis der SHG sollte sich mit solchen Themen näher auseinandersetzen.
Inwieweit existieren Vorbehalte im Verband gegenüber jungen Betroffenen mit anderen Substanzproblemen?	Jüngere Betroffene sehen Vorurteile gegenüber Themen wie „neue Süchte" und „Polytoxikomanie", vor allem seitens der Basis der SHG. Es existieren zu viele Berührungsängste gegenüber Drogen- bzw. Mehrfachabhängigen. Eine zu starke Differenzierung zwischen den Ursachen einer Alkohol- und Drogenabhängigen wird von jungen Betroffenen kritisiert.
Sind die Gruppenstrukturen der SH überholt?	Die Selbsthilfe muss sich dringend für neue Süchte öffnen, auch wenn das Thema „Alkohol" noch immer die Arbeit der SHG dominiert. Junge Generation plädiert für eine Umgestaltung festgefahrener Gruppenstrukturen und -themen.

Welche Strukturen sollten verändert werden?	Schulung des Nachwuchses durch Bildungsarbeit. Mehr Angebote im Bereich der Suchtkrankenhilfe für die jungen Betroffenen, die im Verband und außerhalb davon als Multiplikatoren aktiv werden könnten.
Wie lassen sich mehr junge Betroffene gewinnen?	Die Suchtselbsthilfe muss mit dem Thema „neue Süchte" mehr in die Öffentlichkeit gehen und dabei die junge Generation einbeziehen. Stärkere Nutzung des Internets im Rahmen Öffentlichkeitsarbeit. Stärkeren Zuschnitt der Öffentlichkeitsarbeit auf die junge Generation. Weiterer Ausbau der Suchtprävention an Schulen, da die Suchtselbsthilfeverbände von dieser Aufklärungsarbeit profitieren.
Wie sollten die Gruppenangebote für sie aussehen?	Stärkere Flexibilisierung des Gruppenangebots. Mehr Angebote (auch im Bildungsbereich) für die junge und nachwachsende Generation. Partizipative Methoden der Gruppenarbeit, die auch kulturelle Angebote beinhalten.

Über die Autoren:

Burkhard Kastenbutt, geb. 1954, Dr. phil., Diplom Sozialarbeiter / Sozialpädagoge (FH), Erziehungs- und Sozialwissenschaftler. Dozent am Fachbereich Kultur- und Sozialwissenschaften der Universität Osnabrück im Bereich der Familien- und Jugendsoziologie. Langjährige Bildungsarbeit in und mit Suchtselbsthilfegruppen. Grundlagenforschung zu den Ursachen des Erwachsenen- und des Jugendalkoholismus. Zahlreiche Publikation zum Thema „Sucht" in Büchern und Fachzeitschriften. Herausgeber des ‚Jahrbuchs Suchtforschung'.

Müller, Heinz-Werner, geb. 1964, Diplom-Sozialwirt. Tätigkeitsschwerpunkt im Feld der empirischen Sozialforschung. Wissenschaftliche Mitarbeit an diversen empirischen Projekten in verschiedenen Bereichen. Lehraufträge im Bereich der empirischen Sozialforschung und Statistik am Fachbereich Verwaltungsmanagement der Hochschule Osnabrück.